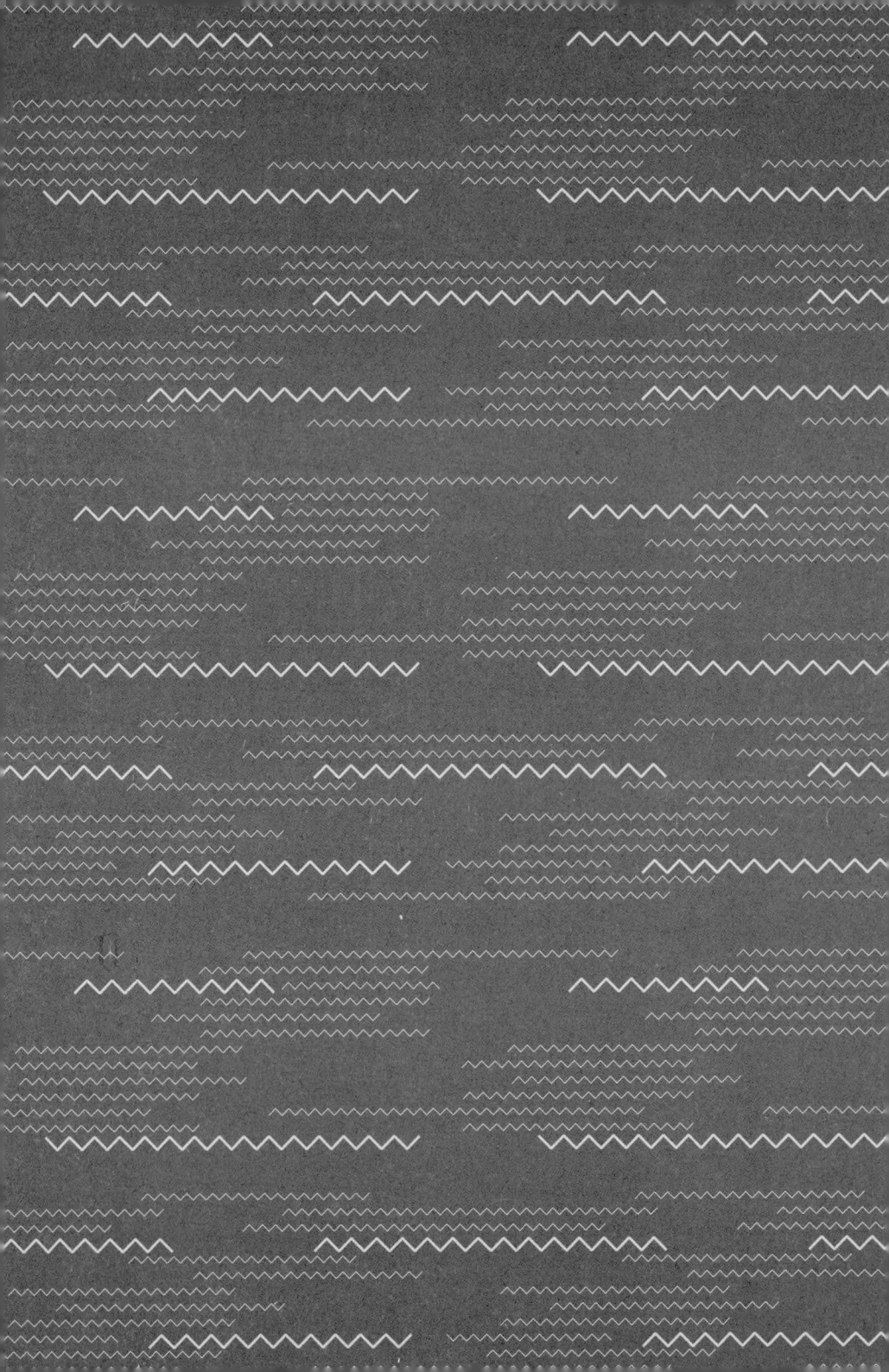

璞玉價值

鄭君平——著

一趟重新尋找、
建立與呈現自我價值的旅程

Value Redesigned

A journey to build, revamp and improve your self-worth.

寶玉藏於琢磨

CONTENTS

| 前　言 | 讓你的價值被知道 ——————————— 7 |
| 提　問 | 你認為價值是什麼？ ——————————— 23 |

第一階段　為何你需要擁抱自己的價值 ——————— 35

　　　　　對自我價值的覺察與認可
　　　　　價值如何被認知
　　　　　對人的價值判斷
　　　　　未來，你的價值在哪裡

第二階段　定義個人價值該怎麼做 ————————— 83

　　　　　價值就是一場不公平的牌局
　　　　　建立自我價值的三個關鍵心態
　　　　　主動定義你的叉子
　　　　　技能／What
　　　　　特質／How
　　　　　潛力／Why
　　　　　解決問題是所有價值的根本

第三階段　如何透過練習傳達價值 ── 141

　　首要目標：清楚知道自己面對什麼？
　　如何展現價值的運作邏輯
　　第一個練習：切割
　　第二個練習：兼具
　　第三個練習：推進
　　第四個練習：公式
　　第五個練習：堅固
　　第六個練習：區隔
　　第七個練習：對應
　　第八個練習：框架
　　第九個練習：迴圈

第四階段　你要如何達到目標 ── 223

　　價值初心：挑戰的另一面是機會
　　創造更多價值：行動與自學為不二法門
　　最後一哩路

編輯後記　《璞玉價值》的誕生 ── 237
參考資料 ── 243

前言

讓你的價值被知道

前言

嗨，給翻開這本書的你：

我們在人生中經歷的每一件事，都在形塑自己的視野與思維，並且透過動機轉化成行動再形成結果；經過一連串重複的結果循環，就會演變為專屬於你個人的價值資產。

這就是一本幫助你打造個人「價值資產」的書。

當你閱讀完這本書之後，它不會馬上翻轉你的人生，更不會在讀完的隔天，讓你直接賺到一桶金，但可以讓你在面對人生或職場的選擇時提供方向，並且成為提升個人成長戰略心法與增進價值底蘊的關鍵。

在開始閱讀這本書之前，我想先問你對於現階段的自己，是否在工作上有遇到以下問題：

- 遭遇到某些無法解決的問題或無能為力的事情，想要嘗試轉換跑道或改變環境？
- 發現現在的自己受到外在環境或人為因素的限

制，所以思考如何獲得更好的收入？
- 感覺明明自己是很有能力的人，卻始終無法獲得賞識與晉升？
- 回想每年的自己除了領薪水之外，好像沒有任何值得說出來的成果？
- 期待在未來的道路上，讓自己成為有價值的人才？

如果此時此刻的你有以上想法，我想傳達關於「個人價值」的六個觀察。

1. 沒有任何人是不可取代，差異在於多久能回復常態

「沒有任何人是不可取代的⋯⋯這個職位不會因為缺少你而無法運作，這家企業不會因為缺少這個職位而無法生存，整個市場更不會因為缺少這間公司而停止競爭，差異只在於回復常態需要多久時間。」

這段話是我從一位知名外商負責大中華區市場的

前言

前總經理口中聽到的，當時內心除了驚訝之外，更令人憂慮的是，擔任企業如此高階的角色都有這樣的體悟，那麼是否在各階層工作的領域，其實都存在這樣的「隱形準則」？

職場如同市場，遵循著供需法則與競爭模式，當供給大於需求，就減少生產，當需求大於供給，則提高價格。年度銷售熱品成為品牌主力商品，就會增加商品庫存水位，當銷售熱度一過，公司馬上出清庫存並轉戰新的主力商品；如同我們所看到的大規模裁員或大舉招募人才都只是一個結果，其實背後幾乎遵循著這樣的準則。

時間是一把利刃，隨著時間的推進，過去所使用的科技產品、企業的商業經營模式，或消費者的購買習慣，甚至是世代氛圍都在改變，改變本是一種常態。

市場上永遠都會有更便宜、更耐用、更漂亮的產品，也會有更快速與更有感的體驗。永遠有成本更

低、願意挑戰新市場、具備數位科技素養、能快速適應變動的世代,去汰換那些仍停留在過去思維的那一群人。

當然,有些人內心會有疑問,現在自己在公司的工作內容或範疇,「只有我一個人會做」或「只有我肯做」,自己敢說「我是這間公司多年業績保持最高記錄者,老闆絕對不可能放我走」、「長久以來我已待在公司十幾年,已經建立起技術領域的護城河,公司想找人取代也沒那麼簡單」等單方面的想法,但以上思維是否就代表了不可取代性?

如果你以企業主的角度與思維來思考,你會發現絕對不會有不可取代的人或非要這個人不可,只有被取代的代價是高或低的差別而已。

2. 抱怨沒有任何好處,更不要被動等別人發現

- 「每一次都交付根本達不到的事情給我,真的有

前言

夠麻煩！」
- 「這個主管很情緒化，給我的壓力真的太大，他不懂得用我。」
- 「我覺得這個工作根本不適合我，我無法在這裡展現出我的價值。」
- 「每天加班熬夜留到最後的都是我，但升遷卻都不是我？」

以上的話是否曾經在你的腦海中出現過？

無論你是初入職場的新鮮人、已有幾年工作經驗的工作者、擁有主管頭銜並帶領團隊的管理者，最令人擔憂的是每次面對未接觸的「事」或「人」之前，就開始選擇抱怨、無奈與逃避（這或許是人之常情），但卻沒有嘗試去拆解它與解決它，也就是還沒有從中學到經驗就已經先預設會失敗的結果，一直在「抱怨」、然後「放棄」或「交差了事」的循環之下，最後就真的什麼都沒有。

其實每個人在公開場合的每一個對話、反應、動作與情緒，周遭的人都在默默的感受，如果你在平常的工作場合中，都在抱怨、埋怨、厭惡他人，因而無法完成被交付的任務，最後就會被貼上抱怨、埋怨、厭惡的「隱性標籤」，這中間影響的層面絕對比你想像中的還多。

一直抱怨的心態，同時間接影響自己的行為，只想適應更輕鬆的環境條件、只想埋首於分內的工作、只安然享受現在的待遇，最後只能因現實考量不得不繼續待在原地，時間一久，就會只剩下安穩不求事的心態。

通常這類型的工作者已經無法將自己的視野拉遠，也不會花時間好好地思考自己的優勢，並持續向其他人傳達自己的價值。這樣一來，他們就像是隨波逐流的帆船，任憑環境的風浪擺布。這是非常可惜的事。

因此，練習放下抱怨的習慣，適時地對外展現自己的能耐與價值，相信與你有關的利害關係人（包含你的老闆、主管、同事、客戶或供應商等所有聯絡過與接觸過的人），就能建立起信心的資產，未來所引發的隱藏效應會比你想像中的更大。

3. 無論身分是學生、上班族或主管，能在未來展現出價值是提升關鍵

在學校或職場上，很少會有人教你如何持續展現自己的價值。因此，許多人常常陷入「現況」的泥沼中而不自覺。

如果你是大學生，是否每天只想著如何應付老師給的作業？或許目前的課業已經讓你壓力很大，但你即將進入人生的下一個階段，例如申請國內外學校、企業實習或求職面試。你清楚知道自己手上有多少籌碼嗎？

假設你現在有機會參加一場面試,無論是電話、線上或實體形式。你可能需要面對電腦鏡頭,或是直接與一群西裝筆挺的教授、主管或老闆交談。你能在短短幾十分鐘內,有條理地說明自己的優勢嗎?

你知道那些受到青睞的人,背後可能花了數十天準備,甚至把自己關在小房間裡,對著鏡子默默練習數百次嗎?而你卻每次都「空手去面試」,甚至以為應該是別人要主動發現你的價值?如果是這樣,結果往往不盡人意,還浪費了寶貴的時間,實在可惜。

如果你已在職場工作,無論是初入職場、有三到五年經驗、十年以上或二十年以上的資深工作者,每年的績效考核、升遷,是不是總是與主管或老闆討論相似且未解決的「目標」?討論完後卻沒有太多具體作為,因此長期下來你覺得自己沒有「被賞識」,不禁感嘆:「到底自己的伯樂在哪裡?」但為了讓對方理解你,你必須在適當的場合主動展現能力。換句話說,

前言

要先讓自己成為千里馬（無論是否會被認同，這樣做一定能在無形中累積信任感）。

當你是創業者或團隊主管（或想當主管的人）時，職責不只是扛起公司的任務方向，還要持續建立高績效團隊（HPT, high performance teams），與團隊一起創造成績。因此，「如何帶領團隊順利運作並達成目標」絕對是身為主管最重要的價值之一。過去你可能認為只要靠個人經驗與能力就能完成目標，但成為團隊主管後，除了要練習向上溝通，還需要營造團隊氛圍並穩定團隊運作。

所以，無論你是學生、新鮮人、資深工作者、主管或領導者，在未來的每個階段都有需要展現價值的時刻。

4. 你需要具備的心態，就是勇於接受改變並持續成長

我所觀察到的優秀經營者、管理者或工作者，以

及在社群中追蹤的創業家或企業家，幾乎都是積極的「學習者」。

他們透過每一年的挑戰、每一段工作歷程、每一天的閱讀、每一次的失敗，以1％接著1％的方式累積，持續推動自己的成長飛輪。這些人都明白，成長從來不是一蹴可幾，也絕非一朝一夕就能速成。唯有經過時間累積的經驗，才是真正的硬道理。

或許你現在所處的環境和工作內容，讓你感到擔憂、焦慮或迷惘。但我想告訴你，其實你周遭的每個人都在面對壓力，只是程度輕重不同罷了。這些壓力都是再正常不過的過程，但你不能讓這樣的情緒一直困擾著你。要轉換這樣的心情，有個關鍵的內在心法（而且只有你能幫助自己）——那就是讓自己勇於接受改變，並保持持續成長的思維。

這句話聽起來可能有點拗口，但核心意思就是讓自己從「被動」轉為「主動」。當你內心真正能夠接受

前言

不要一直原地踏步,進而做出改變(適度跳出舒適圈是常見的說法),主動去挑戰和面對不同於過去的問題,持續推動自己向前邁進,你一定會看到適合自己未來的方向和機會。

5. 你需要知道如何透過練習,增加對於其他人的影響力

本書第三個階段的「價值九宮格」,是我在企業核心部門多年經驗的精華。「價值九宮格」對應九個練習,這些練習源自於理解每個決策背後的思維、熟悉各種架構使用的原因、體會每次溝通背後的理由。這些工具都很常見,可應用於口頭溝通、書面報告、簡報發表或對外演講等場合。只要持續以思維架構化的方式,練習展現自己的價值,不僅能讓對方快速理解你的意思,更能增進他們對你個人價值的認可和信任感。

我的第一份工作就在中國,之後歷經多個跨產業

領域與銷售型態的企業。從參與產品設計開發、戰略市場分析、亞洲市場行銷、全球展店行銷到數位行銷團隊，我擁有從 0 到 1 逐步建立客戶關係管理（CRM）數據團隊的經驗，以及完整的系統導入經驗。同時，我也擔任過高階主管的策略幕僚。這些角色的歷練，其實都在訓練如何與他人有效溝通並增加個人影響力。

過去，我曾用八頁簡報，以素人身分說服出版社合作，出版了《一擊必中！給職場人的簡報策略書》和《讓提案過：準確拿下客戶生意、順利向上報告與提升個人價值的關鍵祕技》。無論是透過「簡報」用於職場溝通策略，還是如何使用「商業提案」在極短時間內說服對方，這些經驗讓我明白，懂得如何溝通、傳達與展現自己的價值是多麼重要，而且這是絕對不會被偷走的能力。

長期以來，我持續撰寫書籍的初衷，始終是站在「協助者」的角色，希望幫助同為工作者的你一起

成長。

6. 提升個人價值的祕訣,就是多與人分享你的價值

我很幸運能與全球一線品牌和知名企業的優秀人才合作。這讓我了解到這些優秀的人才如何在適當的場合、時間和情境中展現價值。同時,我身邊也有一些不懂得適時展現自己價值優勢,每天只想閒聊卻不願改變的工作者。這兩種截然不同的真實案例就活生生地擺在我眼前。

我期待透過本書的內容,讓你開始正視個人價值的重要性。對內,藉由認識自我價值與持續練習,為個人成長飛輪注入動力;對外,則逐步讓身邊的老闆、主管或同事等利害關係人,清楚認識你的價值,從而在認知和行為上產生改變。

如果本書的內容能夠讓你在人生的某個時刻找到方向,或解決一些長久以來的問題與困惑,請務必與

我分享這份喜悅。

「我們無法改變過去的自己，但可以改變未來的自己。」這不是心靈雞湯，而是真實的行動句。讓我們開始吧！

與我分享關於你的想法：
chunping.cheng1@gmail.com

提問

你認為價值是什麼？

提問

「你認為價值是什麼?」

這是我在一場企業內訓中開頭的第一個問題。

台下坐著超過百位來自不同部門、職級與年齡的職場工作者,有些人聽到這個問題時,一臉疑惑地看著我,臉上寫著「我沒有答案」,有些人將手交叉抱在胸前,表現出「為何要問這個問題」的防禦情緒、有人則是低頭思考「到底我的價值是什麼」的表情。

停頓了大概十秒鐘,於是我又問了第二個問題——

「有誰現在可以立即說出自己在公司的價值?請舉手。」

有位坐在講台正前方的員工 A,主動舉手回答說:「我是今年畢業剛入職公司的 A,是負責處理客戶產品問題的窗口,過去在學校是擔任系學會的會長,我對於所有事情都很盡心盡力,所以我覺得自己的價值是很有責任感。」

聽完之後，我問了第三個問題——

「請問有跟員工 A 同期進來公司或現在一起共事的同事嗎？如果你認同員工 A 的價值與他所描述的內容相符，請眨兩下右眼。」（全場都笑了）

透過簡單的三個問題，我們捫心自問關於個人價值這件事，如果平常沒有刻意花時間思考，對多數人而言，它只是一個意義模糊的概念，而且可能都誤以為「價值」就是「優點」。

的確，優點能形成價值的一部分，但卻不能代表「價值的全部」，甚至你自己所認為的價值，可能與周遭其他人的認知有著極大差異。

富比世雜誌曾刊登一篇關於「價值」的論述，我覺得這句話對於價值的定義描述是再適合不過的。2008 年，巴菲特在波克夏股東大會給股東的一封信中，裡面談到關於美國著名價值投資大師葛拉漢曾指

導巴菲特一段話:「價格是你付出的,價值是你得到的。」(Price is what you pay, value is what you get.)

也就是說,「價值」是可以被傳遞與量化的認知感受。

回想過去的經驗,我們想要學習某項技能,需要付出時間與努力去獲得這項技能(雖然努力與成果不是絕對的正比關係),而當你獲得這項技能的「價值」,除了擁有這項技能所獲得的直接好處之外,還包含因為這項技能所帶來的其它影響。

因為擁有某張證照,讓你獲得某間公司職位的面試門票、能夠租借給其他人來換取額外收入、享受這張證照的頭銜(尤其是銷售系統或軟體的公司,都很擅長為擁有某張證照的群體標籤一個名稱——#Certified、#Expert、#Educator、#Master),獲取更高的知名度、累積個人對外的經驗與名聲等,這些在過程中所獲得的一切,也都是能證明這張證照的「價

值」所在。

如果我們以消費者的觀點，每一次購買經驗都是衡量付出與得到之後的感受。例如我們去一間高級餐廳用餐，菜單上寫著一客數千元的五分熟牛排，數千元購買的不只是這一份五分熟牛排。「價值」其實從一進門的接待就已經開始了，從帶位動線、菜單設計、食材味道、烹飪過程、視覺擺盤、空間陳設、燈光氛圍、人員服務，到結束後的小驚喜……全程體驗都包含其中，所以對於消費者而言，數千元所購買的完整體驗感受，都屬於這一間餐廳的「價值」。

當我們能理解與感受「價值」的重要程度，對於「如何追求價值」就擁有更明確的動機。

透過一場簡短的面談，讓對方快速認識你，並願意進行進一步面談，加強彼此未來合作機會的可能性，這一場簡短面談的「價值」不只是訂單，還有彼此的信任感積累；透過年度一對一的績效檢討，讓老

闆和主管清楚了解你過去所貢獻的成效價值，這一場會議的「價值」，不只加深對於彼此的信心，還包含提高未來晉升位置的人選印象；透過一張履歷表，讓人資用簡短數秒鐘內快速掌握你的關鍵價值，這一張履歷表的「價值」，不只是人資對於你的認知掌握，更是取得下一關面試或提升錄取的機會。

儘管我們理解價值是可以被傳遞與量化的，但實際上真的明白價值的重要性嗎？我們都聽過「花若盛開，蝴蝶自來」這句話，但令人納悶的是，明明覺得自己是一朵盛開的花，卻沒有蝴蝶飛過來？

因為「價值」不只是自己說出來的，而是能展示出成果的，並且傳達給對方感受到的；所以我們如何從自身出發建立個人價值，並持續傳達給其他人知道，幾乎是所有人必學的功課。

無論你正處於何種年齡、職務、領域或行業的階段，其實都各自擁有不同的價值領域，本書將透過四

個階段旅程,協助你找出獨一無二的個人價值。

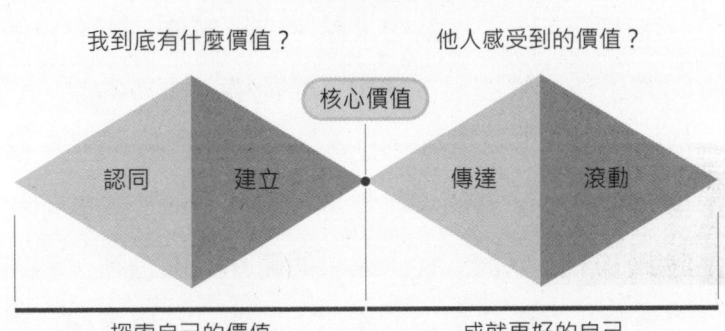

圖 0.1　探索價值的階段旅程

第一階段：認識「價值的本質」

　　為何我們要探討事物的本質（例如工作的本質、宇宙的本質、時間的本質或商業的本質），原因在於希望了解事物的全貌與其背後的邏輯運作，並且嘗試濃縮成簡單「一句話」的見解，成為拓展個人思維的層次。

對於個人價值的認知，有兩個很重要的關鍵因素，就是「時間」與「人」。

藉由「時間」作為切入點，因為價值是需要經由時間的累積，唯獨現在的因，才能造就未來的果，透過價值去塑造「未來的自己」，至於如何判斷價值，除了自己感受到能力的成長之外，還包含他人對於你的主觀評價，所以加入從「人」的視角來談價值，利用實際會發生在你我周遭的案例做說明，你會更明白價值的重要性。

第二階段：我們一起逐步定義「你有什麼價值」

這個階段讓我們一起梳理出專屬於自己的「一把叉子」，這把叉子的三個分支，分別是過去背景積累而成的「技能」、現在可被評價的「特質」，以及融入未來情境的「潛力」。

透過這樣的價值結構，讓你開始對自己的價值有更多的認識，再來逐步地收斂自己的主軸核心，建立起專屬於你自己的價值資產。

本書中所撰寫的內容，並不是要教你如何寫履歷、求職信或提供面試技巧，這類型的文章已經有非常多成熟的資訊可以查找，善用 AI 科技工具幾乎能產出非常具專業感的架構內容，所以這把叉子所建立的是可以應用於這些外在形式的底層基礎，如同讓你擁有一個關於自我價值的原始資料庫（raw data），而且是隨時可被更新的。

第三階段：主軸是「如何有效將價值傳達出去」

集結筆者過去多年在商業市場上溝通、傳達與呈現的邏輯脈絡，以及從企業實戰經驗的角度出發，希望讓你擁有立即可用的思維武器庫，以一個九宮格為基礎，我稱之為「價值九宮格」。

「價值九宮格」是將思維結構與商業脈絡兩者所組合而成的九種呈現與梳理價值的方式，分別為「切割」、「兼具」、「推進」、「公式」、「堅固」、「區隔」、「對應」、「框架」、「迴圈」，都是運用市場上常見的商業邏輯，而每一個邏輯的說明，都包含了視覺化的描述、案例說明與使用模式，可依據自身所遇到的情境進行轉換應用。

第四階段：「認知自己的不足並開始行動」

藉由前幾個階段，我相信你會發現自身需要加強的方向與尚需努力的目標，當然最後是否要執行、該如何執行則是由自己決定，因為每一個情境與決定，都如同「一枚硬幣」，總是一體兩面，沒有絕對的正確答案與符合自己的預期結果。

如果你不想躺平，想再更進步、想要更比別人好、想要突破職涯天花板、想更有自信、想被人看

見，切記不要忘記行動，唯獨當開始做了，而且是為未來而做，你會感謝現在的自己。

而且每個人所擁有的價值底蘊都不同，絕對沒有人與另一個人完全相同，所以我們需要的是誠實地面對自己，嘗試著觀察自己，透過「探索自己的價值」，來「成就更好的自己」。

期待透過本書的內容，陪著你一起走，並成為推動你個人成長飛輪滾動的價值力量，那就是我最想達成的目標。

第一階段

為何你需要擁抱自己的價值

第一階段

幾年前，讀到北野武《我變成了笨蛋》（僕は馬鹿になった。ビートたけし詩集）一書，裡面有段文字很值得思考。

「人至少會有一個優點值得驕傲

什麼都好，要去找到它

讀書不好，可以運動

如果都不行，你至少善解人意

抱著夢想，抱著目標，努力就會成功

不要被這些話術騙了

什麼都沒有也很好

人被生下來、活下去、死掉

光是這樣也很厲害」

第一次閱讀這段文字時，我並沒有太在意它的含義，只覺得怎麼可能一個人什麼都沒有還會很好。但幾年後再次閱讀同一段話時，我感受到的意義卻完全不同。我發現這段話的真正含義是：「無論是誰，只要

活在這個世界上,一定有因為你而產生的價值存在」。

舉幾個例子,像每天一早走進辦公室,大聲與同事說早安或買熱咖啡給大家,你的活力感染著整個辦公室氛圍,這對於昨日與客戶吵架後而心情不好的同事來說很有價值。

中午去餐廳用餐,吃完之後你跟店裡的阿姨說,今天煮的菜非常好吃,道謝的心情對於辛苦煮菜的阿姨來說很有價值。

順利應徵進入公司的團隊工作,你的加入解決了公司的人才缺口,並增進團隊工作流程的順暢度,對於之前苦惱缺人的團隊主管來說很有價值。

工作中遇到一個難題,你花了一段時間與眾多部門溝通協調後達成共識,因而讓案子能夠順利推進,對於專案的成果來說很有價值。

你走向創業的道路,逐步培養出有默契的工作團

隊，中間所經歷的過程與大家共同朝向目標的經驗，對於你與團隊成員來說很有價值。

或許你會認為以上都只是一般的日常情境，根本就不能算是價值，但對於其他人來說，這些都是「因為有你才產生的價值」。

自我價值的覺察與認可

你小時候是否有這樣的經驗？

某次考試你獲得 85 分（滿分 100 分），但發現絕大多數的老師、父母或同學，都只關注你沒有獲得的那 15 分。

「你怎麼沒考 100 分？」

「這麼簡單的題目都會錯？」

「為什麼這幾題這麼粗心？」

若將分數與全班其他同學比較，如果全班幾乎都考到 95 分以上，85 分反而成為「最糟糕的成績」。但實際上，比較的基準只是「將最糟糕的成績建築在競爭下的 10 分身上」。當大家都把注意力放在這 10 分時，連你可能都忘記「自己擁有 85 分的實力」這件事。

圖 1.1　發掘「價值」的不同視角

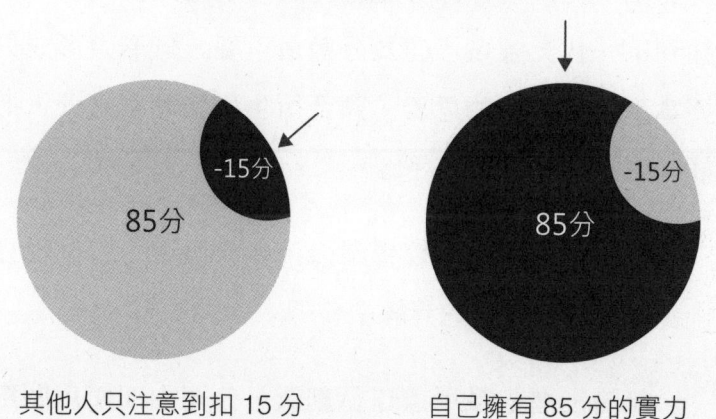

其他人只注意到扣 15 分　　　自己擁有 85 分的實力

我理解有些人認為學習需要被驗證，分數不好就代表沒有認真學習。但「成績分數」只是其中一種檢

第一階段

視方式,不應該是全部。

如果你從小就被這樣訓練,追逐分數的思維可能已根深蒂固地植入你的價值觀中,習慣用分數衡量所有的學習成果。這種以分數作為學習成效標準的思維,不只影響你個人,還影響你對自我價值的認可。你可能會覺得相較於他人的成績,自己似乎一直都不夠突出。更甚者,你可能會將這種追逐分數的慣性灌輸到下一代,讓孩子認為分數最重要,無形中形成只要拿到高分就好的思維,甚至衍生出作弊拿高分、把好成績當成防護罩等行為。

然而,當你從學校畢業後,你會發現「這個世界上根本就沒有滿分的界線」。

無論是進入職場或自行創業,公司內部使用關鍵績效指標(KPI)或目標關鍵成果(OKR),其目的都是確保公司的營運目標與成長朝向一致的方向,並能檢視每個人的績效占比或產值貢獻。但這些數字目標

從來都不是達成就結束的界線，每年都會向上調整與設定更高的目標，因為「沒有所謂天花板的存在，只有突破天花板的機會存在」。

職場上我們一定會遇到問題，但如果一直鑽牛角尖去尋求最佳答案，非要有完美解決方案才算達成，到最後通常都注定會失敗。因為在時間壓力下，我們能做到的是「在有限時間內的最佳解答」。未來面對相同問題時，能更有效率地解決才是重點，而不是一味追求所謂完美的解答。

這就如同執行任務後，當我們思考「為何這件事會成功」或「為何這個地方會失敗」時，一定能發現自己做得不錯的地方與需要調整改進的地方。但如果你只專注於改善缺點，花了很多時間想去彌補缺失，到最後你會發現成效其實有限，反而可能降低整體表現。這裡的前提並不是說不要改善缺失，而是在時間分配比例上需要調整。如果你將表現不錯的地方再精

進放大,反而可以大幅拉開與他人的差距。

▌每個人的價值一定都有適用的位置

當你身處在一間公司或一個部門,團隊內的成員都來自不同背景與經歷,每個成員一定都在某些特定的地方,表現出與其他人的差異,而正是這樣的差異,創造出團隊合作的化學效應,進而創造出「價值」。

在職場中,每個人都有自己的優勢。有些人善於溝通,能讓同事感到愉快;有些人做事嚴謹,交出的報告幾乎沒有錯誤;有些人消息靈通,能讓大家有所準備;還有些人觀察細微,能發現許多不易被察覺的細節。

當你發現別人對你有這樣的認知優勢時,不要客氣,你更應該專注於「發揮自己的優勢」,因為這才是你能脫穎而出的關鍵。

例如，如果團隊主管認為你的溝通能力比其他人突出，可能就會把需要大量跨部門溝通的專案交給你。因為相較於其他人，你能以更短的時間更有效率地解決問題。所以，持續展現你善於溝通的能力，比起花更多時間改善自己不擅長的地方，更能獲得事半功倍的效果。

甚至過去你所認為的「缺陷」，在不同的情境下，可能會成為另一種「價值」。如果與你合作過的同事曾告訴你：「你說話很咄咄逼人。」你可能會開始思考：「我是不是不應該繼續這樣？或許我需要調整，因為每次溝通的結果只會讓彼此不愉快，似乎也產生不了正面的結果。」

但如果從專案管理的角度來看，專案負責人就是需要在規定的時間內完成任務，整合所有橫向單位，共同產生正確的結果。他們必須面對其他單位的執行時間與專案急迫性之間的拉扯，因此對於「時間」的

掌握度需要比任何人都強。在這樣的溝通過程中，雖然可能讓其他人感到「咄咄逼人」，但這真的是不好的嗎？

這就如同威爾・吉達拉（Will Guidara）在《超乎常理的款待》（*Unreasonable Hospitality*）一書中所提到的「發掘隱形天才」，以易立沙・賽萬提斯（Eliazar Cervantes）從傳菜員到內場控菜員的故事為例。

易立沙對料理與食材的細節不感興趣，他的主管不斷抱怨他漫不經心。但易立沙卻是天生的領導者，很會組織、安排事情。

因此，這樣的個人特質放在傳菜員身上可能一文不值，但對控菜員來說，卻是非常重要的價值。也因為這樣的轉換，讓他從被主管形容為漫不經心，變成能確保每一道菜及時、正確地送到顧客桌上的關鍵人物。餐廳的每個人都看到了他的天分。

當然,前提是要有人能在解僱你之前發現你的價值。

▊ 擁抱價值能夠讓你的未來有選擇權

在職場上,我們常會遇到只靠「年資」生存的工作者。這些人一旦轉換環境或面對新的科技浪潮,幾乎無法跟上(雖然普遍認為自己年資就是價值的人,不會承認自己只有年資)。他們會緊抓著過去的做法與想法,最後才會發現「潮水退了,原來自己沒有穿褲子」。因此,持續累積自我價值其實是既重要又緊急的事(只是因為需要長期經營,所以常被歸類為重要但不緊急)。

如果把理想中的職涯年資與預期薪資這兩個影響因素用平面座標圖來表示,橫軸是年齡(年資)的時間軸,縱軸是職務(薪資)的變化,多數人認為合理的狀態如圖 1.2 所示。

第一階段

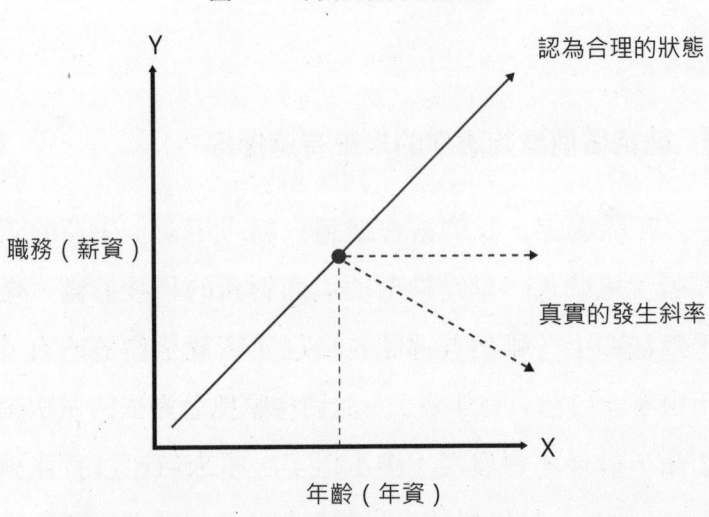

圖1.2　年資與薪資的關聯性

```
Y
                          認為合理的狀態
職務（薪資）
                          真實的發生斜率
                              X
        年齡（年資）
```

　　一般人認為，只要年齡或年資愈久，經驗愈豐富，薪資的斜率一定是大於 0 的狀態，而現在自己正位在這條上升斜線的某個點上。事實上，這條線卻會因為外在趨勢與工作環境條件的改變，以及你只局限於現在的工作內容範圍，而可能往另一條斜率靠近（斜率轉變成小於 0）。儘管現在的你可能站在很好的位置，但不久的將來，你也會遇到交叉點的天花板。

也許你已經體認到個人價值的重要性，所以努力充實自己，逼自己承接非常多的工作量，希望逐步往更高的位置挑戰。但請記住，不要落入把「薪資」當成唯一衡量自我價值標準的陷阱中。

這並不是說我們不應主動追求合理的條件。「名」、「利」、「權」確實是工作價值的體現與目標，同時也是公司對你個人價值的認可。但當下所獲得的這些「成果」，真的就能代表你個人的價值嗎？

中職史上首位千勝總教練洪一中，在他的《勉強自己，我才會是洪一中》一書中，有段很有意思的邏輯思維。洪總帶隊時，常常要求球員多加練習，球員會覺得練習量太多。但洪總認為練習並不是只為了「成績」，而是為了「延續運動生涯」。洪總時常跟球員說：「你們現在練這些，是在為五年後的自己做準備。你們現在練得很扎實、練很多，只是延長你們的運動生命，如果當下成績也有打出來，要想成那只是

第一階段

附加的價值。」

如果你已經有多年的工作經驗,我相信你會知道薪資所代表的,不只是你個人的努力與成果,背後還包含非常多的「變數」。

同樣的職位在科技業、半導體業、傳統產業或餐飲業,薪資的差距就擺在那裡。這是因為產業性質、獲利模式、營收利潤、部門發展、公司文化與主管合作等因素都會影響薪資條件。所以從外在結果來看,一般人會感到困惑:明明是同一種類型的職位與內容,為何卻有這麼大幅度的薪資差異。

但如果你從建立個人價值生涯的思維角度出發,就算現在月薪只有 3 萬元,你可以期許自我的成長路徑。例如,兩年內要提升到月薪 5 萬的水準,但月薪 5 萬的工作者需要具備什麼要素?

年薪 200 萬、300 萬的人要如何晉升到年薪千萬,

年薪千萬的人又要具備什麼樣的視野高度與戰績？

因此，累積價值的關鍵並不在百萬或千萬的數字，而是在過程中所累積的經驗、優勢、視野與戰績。這些才是未來讓你能夠擁有高薪條件的能耐，也是我看到許多長期能領高薪的人真正散發出來的底氣。

如果我們「以終為始」地思考，就會發現：一個工作者只在意眼前「薪水」的結果，一定會發現就算短期拿到很好的薪水，通常未必能領得長久。因為擁有價值的底氣，才是讓你能領得久的關鍵。因此，如果你能將自己的專注度放在持續成長與傳達價值上，等於讓你擁有對於未來的「選擇權」。薪水是一種「附加價值」，而真正的價值在於讓你隨時保有另一條出路的可能性，不會讓自己陷入無路可選的窘境。

從「長期積累價值」到「持續傳達價值」，才是擁抱價值的關鍵。價值的積累是一個重複輸入的過程，而價值的傳達則是一種持續輸出的結果。

第一階段

　　我曾與一位長期在美國矽谷工作的友人聊天，他是知名外商的部門總監。他談到過去企業內部裁員聲浪與組織改變的聲音一直持續進行，而且不知道何時會結束（這樣的職場氛圍其實會令人感到緊張，如果有親身體驗過的工作者一定能感同身受）。

　　但他從很早以前開始，就抱持著「每天早上進公司的這天，都可能會是最後一天」的心態在工作。我深知他的能力放在 LinkedIn 上都是會讓企業人資或獵頭極想招募的「紅花」，但內心卻依然保有這樣的體悟。當時這樣的思考讓我難以想像，但也就是因為擁有這樣的思維，讓他每天在公司都願意面對新的挑戰與主動接觸新的任務，因為唯有持續積累每日的經驗，才會形成自己最重要的價值。

　　這樣持續保有警覺的心態，如同生活在野外叢林的動物。

　　你會發現生長在有獵豹出沒區域的瞪羚，警覺性

一定比起生活在沒有獵豹環境的瞪羚更高。因為不隨時保持警戒心態，稍有不慎就會失去性命，所以當發現可能有被獵豹或其他肉食動物襲擊的危險時，就可以先行預判並加速逃離。

我記得曾經看過「憲哥」謝文憲在受訪時談到一個有趣的比喻：「如果你是一隻鳥，你相信的是翅膀還是樹枝？」

樹枝就像是你的公司、位置、職務；翅膀就是你的專業能力和身處的產業。但這個位置或職務（樹枝）不會不見嗎？會不會因為組織重整就沒有了呢？有些人站在高樹的枝頭上，比起一般矮樹的視野更好，但相對地如果沒有時常飛翔，掉下來會摔得更重。

儘管工作是積累個人價值的重要經歷，但工作並不只是為了賺錢，而是著重在個人價值的累積，工作只是其中一項來源。

第一階段

每一個人都有自己的角色、定位與能耐，我們不應該將目光只放在短暫追逐眼前的利益，而是讓自己在職涯的各個階段，無論外在環境如何改變，持續都能保有選擇的空間。更不會因為時間、金錢或人情壓力導致被迫只能往這個方向，回過頭來才後悔當初選擇到錯誤的方向，這就是擁抱價值的真諦。

價值如何被認知

關於「價值」的相關名詞多不勝數，尤其常見於廣告行銷、金融、銷售領域，例如品牌價值（brand value）、企業價值（enterprise value）、產品價值（product value）、核心價值（core value）、顧客終身價值（customer lifetime value）、價值主張（value proposition）、價值營銷（value-based marketing）、價值投資（value investing）等，由此可知，「價值」其實是一種跨維度的概念。

《劍橋字典》定義「價值」（value），包含名詞與動詞兩種詞性解釋：

- 名詞（N.）：可以為某物收到的金額、某物對某人的重要性或價值、某事有多有用或重要、代表數量的數字或符號。
- 動詞（V.）：判斷某物可能賣多少錢、考慮一些重要的事情、重要性、價值或好處。

如果將以上價值所代表的意涵進行分類，大致上可將價值區分成兩種類型──有形的實物價值與無形的感受價值。

有形的價值

有形的價值，就是可以用「實物」衡量出來或透過某些「指標」判斷的價值。這些實物或指標可能是金額或物品，例如用金錢購買價值、等價交換或以物易物的方式。

第一階段

　　有形價值的體現其實隨處可見。當我們是消費者時，在網路上搜尋到一堂線上課程，課程總費用為 1 萬元，我們會開始評估是否要購買。最直接的就是先看課程的師資、課程的標題與內容、會分成幾節課程、有多久時間、是不是有即時的促銷優惠，以及上完課後是否有課程講義或贈品等。以上這些要素都是花費 1 萬元所獲得的這堂線上課程的有形價值，也是消費者最直接判斷是否購買這堂課的基礎。

　　美國《時尚》（*Vogue*）雜誌總編輯安娜・溫圖（Anna Wintour），曾被《富比世》雜誌形容為「在媒體娛樂界最有影響力的女性」。她在 MasterClass 網站（美國線上課程平台）開設了一門「創造力與領導力」線上課程。共有十二堂課，包含如何建立與營運團隊、如何做決策、圖像的力量、探討其他創意人的案例與領導影響力等。這十二堂課的所有內容，就屬於這堂線上課程可購買到的有形價值。

如果從對方的角度出發，在求職面試的情境中，當你在面試完這家公司，經過來回幾次的討論之後，拿到這家公司的出價（offer），就代表對方願意付多少錢來買你的價值（由他人所認定的），其通俗的說法就是——

> 公司願意花多少錢聘用你＝你現階段的總體價值

雖然薪資的衡量指標，多半是隨著資方的產業領域、規模體制、薪資制度而定，且受主觀認知影響，未必能完全符合自己的期待。不過，這個薪資數字反映了公司從自身立場出發，願意付出多少金錢來換取你的能力和價值。

▍無形的價值

無形的價值，是指需要靠人為判斷的價值，讓人能想像或感受到，可能是好用或重要的價值。

第一階段

你擁有某些特質,而這些特質被放在哪些情境會有效、能解決哪些問題、能讓某件事達成目標、能承擔與優化哪個流程,或是在團隊遇到某些問題的情況時,會讓其他人想到你是能解決這些問題的人等,以上這都屬於無形的價值。

創業家艾力克斯·霍爾莫奇(Alex Hormozi)在《一億美元的出價》(*$100M Offers*),談到他所認為的「價值方程式」——

$$價值 = 客戶心目中的理想結果 + 客戶對於達成此結果的可能性$$

價值就是由客戶的認知出發,進而判斷與建構出來的,透過原先的理想結果與實際結果的差距,以及過程中是否有積極地展現想要達成目標的行為,最後藉由客戶的滿意度與下一次的訂單,來決定客戶心中

的價值評估。

知名作家吳淡如在《人生雖已看破，仍要突破》書中說到關於價格與價值的感受——「上海 EMBA 兩年的學費高達 70 多萬人民幣，還不包括往來交通住宿與雜費支出，我的估算加起來就是 120 萬人民幣吧。它的價值，絕對高於我付出的所有價格。同學們來自北大、復旦、交大，還有哈佛、史丹佛……還有奧林匹雅數學冠軍，我的天資大概只有平均值……但重要的是知識修煉，個人的成長，還多了好多相知相助的兄弟姐妹……」

由買方判斷的無形價值比我們想像的更多。前面提過，當我們評估要不要購買一堂 1 萬元的線上課程時，除了課程直接呈現的有形價值外，授課內容是否符合自己當前遇到的問題更為重要。也就是說，消費者能真實感受到上完課程後，獲得提升且立即可應用的實戰經驗，這就是消費者對課程無形價值的認知。

第一階段

消費者的評估經驗就如同克里斯・卓爾（Chris Dreyer）在《鎖定小眾》（*Niching Up*）一書中提到的，如何透過價值來收取更高費用，有兩個原因：

- 第一個原因：客戶是在買你的經驗和專業知識。
- 第二個原因：你值得。

客戶買的是你的能力與經驗，不必自己經歷從無到有的過程。你已經學會一身本領、發展出專注力，你明白自己帶來的價值。客戶願意付更多錢，是因為你更有可能快速實現他們心目中的結果，減輕他們的負擔和犧牲。價值才是讓你無可取代的關鍵。

以上這些都是從對方的角度和思維出發，來評估與衡量購買價值的觀點。

▋呈現有形和無形的價值

我們對市場上的商品、廣告或投資的價值認知，

通常兼具有形和無形兩個層面。這是因為人們看待事物時，很少只從單一角度出發。無論是站在消費者還是商家的立場，我們都能體會到這一點。讓我舉幾個例子，你就能更清楚地理解這個概念。

2001 年，第一代 iPod 問世。到了 2006 年，iPod 的銷售占全公司營收占比的 40％。當年賈伯斯站在台上介紹 iPod 時，有一段經典的話語：「它擁有 5G 硬碟空間，能放 1,000 首歌，而且是能放在自己口袋裡的 1,000 首歌。」（So, we've got this 5 gigabyte drive that holds 1,000 songs. So, this amazing little device holds 1000 songs and it goes right in my pocket.）

5G 的硬碟空間、180 公克的重量、撲克牌大小的尺寸是有形的價值，這是產品造型與功能上的價值，我們可以真實觸摸到。但讓 1,000 首歌伴隨自己則是無形的價值，是消費者對於未來使用商品的感受與想像。因為只要擁有這項產品，便能讓喜愛的歌曲陪伴

自己。消費者會模擬自己的使用情境（如在通勤、休息或專注工作時，隨時聽著喜歡的音樂），並在試用產品後，決定這樣的整體價值是否值得花399美元購買。

過去，當一項全新產品準備上市銷售前，要塑造新產品對消費者的價值，前期通常會撰寫產品的獨特銷售主張（USP, unique selling proposition）價值說明書。

價值說明書的主要功能，在於說明這個產品在市場上能被消費者購買的理由。內容包含產品外形、功能、獎項、技術合作、與競品的價格比較、適用情境、模式與可能性等。綜合以上這些項目，其實都在賦予這個產品對消費者的整體「價值」。後續則用商品銷量回推產品的價值與價格定位是否正確。

企業品牌尋找運動員代言時，除了評估運動員在體育競賽的成績與獎項等有形價值外，還包含運動員展現的正面形象與風格是否與品牌文化相符、能否吸

引特定目標客群、是否與企業鎖定的客戶屬性相同，以及受到媒體宣傳後帶動企業品牌知名度提升等無形價值。企業會綜合評估運動員的整體價值後，才決定是否邀請其為品牌或商品代言。因此，對企業而言，成績、獎項與形象都是評估運動員作為代言人整體價值的依據。

從投資角度思考，你用 10 萬元購買了一張股票，所獲得的不只是每年的股息、股利與股東會的贈品等有形價值，還包含你認同公司的經營方式、擁有股東身分，以及向朋友炫耀擁有這檔股票的優越感等。以上這些都可被視為這張股票的價值。

綜合上述案例，你可以清楚了解人們是如何認知價值的思考過程。接下來，讓我們來探討人與人之間的價值認知。

第一階段

對人的價值判斷

人與人之間的價值判斷是雙向的。這種判斷反映了彼此感受的交集程度,也就是說,我們如何看待他人,以及他人如何看待我們,雙方認知彼此影響,形成一種動態的雙向互動。

從趨勢議題、生意談判或工作溝通中,同一張圖片、同一段話、同一件事、同一件商品,在不同背景、不同領域、不同屬性、不同職級與層次的人,所描述出來的「事實」、「評論」或「判斷」,都可能是完全不同的觀點,而換位思考就是為了增進彼此的交集所做的努力。

《當鋪之星》(Pawn Stars),是拍攝一家拉斯維加斯當鋪日常的實境秀節目,其中最有趣的莫過於雙方「議價」的橋段,當稀有商品的擁有者與當鋪老闆哈里森(Harrison),表面上是對於商品價值與買賣價格認知不同,實際上是雙方認知交集的過程,雙方內心的

目標都是成交,議價只是過程,持續接近彼此心中認定的價值交集是做法。

該節目有一集內容是一件著名的爵士樂手路易士・阿姆斯壯(Louis Armstrong)的簽名照與簽名手帕,經專家鑑定簽名為真品,專家評估其價值大概有1,500美元,因此身為賣家的客人與當舖買家的哈里森,正進行對於在價值認知的交集過程——

客人:我原本想出 3,000 美元。

哈里森:我可以幫它(照片與手帕)做玻璃框,把它掛起來推銷,但這需要成本,那我出 800 美元。

客人:這也差太多了,拜託你要跟我合作,不然 1,500 美元呢?剛剛專家說它值 1,500 美元。

哈里森:專家說 1,500 美元是我售出的錢,我告訴你,我就出 1,000 美元,這很合理。

第一階段

客人：好，那就 1,000 美元成交。

原本雙方的認知是 3,000 美元與 800 元的差集，因為專家判斷標準 1,500 美元，形成一個分水嶺，所以產生 1,500 元與 800 美元的範圍區間，最後再取中間值 1,000 美元，形成雙方對於商品價值與商品價格的交集點，因此最後認定的整體價值就是 1,000 美元，這就是一種價值認知上的交集。

某次在咖啡廳內聽到兩位上班族的對話，正在討論關於生活費的問題——

A：我真的不知道無菜單料理那種一客要價 3,000 多元的誰要吃？你看這樣一餐的價格可以抵我一個月的午餐費用，3,000 元除以一個月約 22 個工作天，一天午餐還可以吃 100 多元。

B：聽起來這樣真的挺貴的。

3,000 多元的無菜單料理，可能對於一個月只有幾

千元餐費的上班族來說付出成本太高,那是一個基於事實的判斷(因為沒有多餘費用,所以無法負擔),但換作一個月可以有足夠預算的人來說,3,000多元的無菜單料理,可能只是一天的晚餐費用而已。

如果站在商業的角度,這沒有對錯,只有合適於否的目標客群,所以假設無菜單料理的餐廳,想要提升客群量因而降低用餐的門檻,例如舉辦特別活動或調整產品價格帶來擴大客群,以上這些行動都是針對不同的目標客群在價值認知的交集過程。

▋新科技帶來的價值認知

每當嶄新的科技、技術與產品出現,進而開始改變人類的生活習慣,而人類對於「改變」的認知永遠是一體多面,一方面科技帶給人日常的便利與提供更多元的生活模式,另一方面則延伸出人類對於科技的未知影響與社會意識的警惕,因此如何在有限度的範

第一階段

圍內提升科技使用的限度,都是會面臨的討論議題。

AI 的未來發展趨勢與影響力,不只改變商業運作模式,提供更具經濟效益的創新作法,帶動多種產業領域的突破性發展。

但在 AI 發展的同時,出現了人工智慧安全中心(CAIS, Center for AI Safety),認為人工智慧具備可能導致人類滅絕的風險,其相關安全性被高度忽視,應當將其視為與流行病和核武戰爭同等的社會風險,不只發起超過數百位人工智慧研究人員和工程師所共同簽署的公開信,還對於 AI 風險提出四種不同面向的潛在風險:

- 惡意使用(malicious use):惡意使用會引發大規模破壞。
- 人工智慧競賽(AI race):競爭壓力可能會促使我們以不安全的方式部署人工智慧。
- 組織風險(organizational risks):因為人工智

慧和組織發展的複雜性而引起的事故。
- 失常的人工智慧（rogue AIs）：問題在於控制比我們更聰明的技術。

不只有 AI 技術發展的兩面刃，未來人力缺工的議題、能源成本高升、產業限制與效率降低等問題，已經在全球各個國家都看得到且正在發生，而機器人相關產業則順勢找出發展的可能性，從製造、服務、偵查、陪伴到照顧等，讓機器人取代人力的未來景象愈來愈清晰，而這樣的發展劇本，造就了人類對於機器人的未知恐懼。

如果你有關注或看過《紐約客》（The New Yorker）雜誌，你會發現幾乎每一期的封面都帶有許多意涵，雖然都只是猜測的描繪，但其中有幾期，都是描述另一種機器人與人類的發展風險與共存可能性。例如藝術家湯姆・高爾德（Tom Gauld）繪製的〈Dog Walking 2.0〉、藝術家里德・強森（R. Kikuo Johnson）的〈Tech Support〉、

插畫家克里斯托夫・尼曼（Christoph Niemann）於2023年的〈Create Your Own Cover with Till-E〉。

當然我們所討論的議題皆不是 0 或 1 的判斷，所以無論是人工智能的躍進或機器人的產業鏈，科技能能夠逐步取代的「部分」，是寫得出規則與可被學習建立的部分，你會把需要的成果（終點）與現在的狀態（起點）告訴它，然後利用系統數據處理優勢，快速將中間的路徑創造出來，我們可以在極短時間內看到各種連接起點到終點的路徑。

既然外在科技的發展趨勢、工作環境、人與人之間認知的改變，都是既定且持續發生的事實，那我們就需要重新思考，到底在未來能夠存活的價值為何。

未來，你的價值在哪裡

沒有人能夠預測未來，但有人在嘗試描繪與創造未來。

「你想在清晨醒來時充滿希望，相信未來會是美好的——這正是成為太空文明的核心價值所在。它代表著對未來的信仰，相信未來會比過去更美好。我無法想像有比踏上宇宙間的旅程更令人興奮的事情了。」這是伊隆‧馬斯克（Elon Musk）創立 SpaceX 的願景，談到對未來人類的生活想像與規劃，這是一張未來路徑的藍圖，因此你會發現 SpaceX 不同型號的火箭，每一次發射的任務目標，包含支援行動、軌道測試與座落點位都不相同，但都在實現對於未來太空生活的感知與探索可能性。

比爾‧蓋茲於個人部落格「Gates Notes」（分享所遇到的人、正在閱讀的書籍與正在學習的內容）。他談到一個新時代的開始，一個讓世界變得更好的新篇章的機會——「今年讓我們一窺 AI 將如何塑造未來，隨著 2023 年即將結束，我比以往任何時候都更加思考當今年輕人將繼承的世界。現在，我更多地思考她（孫女）將繼承的世界，以及幾十年後，當她這一代人掌

權時,世界將會是什麼樣子。我可以開始想像:她將使用的工具,她與親人保持聯繫的方式,這些創新將有助於解決問題。」

為何人類對於未來充滿想像並作出預測與行動?

因為未來代表著「未知」,但未知的另外一面就有「無限的可能」,所以除了尋找創造未來的機會之外,並盡可能地想讓未來的可控性更高一些。

或許我們不如馬斯克和比爾‧蓋茲一般,對於世界的改變沒有太多的想像,也沒有足夠的能力去改變世界的規則,因此回歸到一般人的生活日常,多數人對於未知的事物,幾乎都會感到迷惘、擔憂、恐懼或不真實的感受,我們不知道明天的重要會議能不能順利報告完成、我們不知道明天的這一趟旅程會不會有其他意料之外的事、如果有一天當你離開現在的工作,我們永遠不知道下一個階段會往哪裡走,儘管這些事根本就還沒發生。

對於未來的產業、領域與工作類型,更沒有人可以準確預測,數十年前根本沒有所謂「社群」小編、沒有影音「網紅」、沒有「科技農夫」,或許十年後這些職業會消失,而再往後數十年的工作會有「星球工作站維修員」或「空間傳送員」。

儘管對於未來的工作我們無法預測,但仍然有脈絡可循,也是讓我們少數能夠掌握的重點,那就是回歸本質的概念與做法,我們從自身的基礎開始思考,有什麼能力是我們不需靠外在工具的輔助,其實就已經具備,只是可能尚未被發掘或強化而已。

▋與未來接軌要具備的能力

關於未來的技術創新、市場趨勢與職場生態,我們會從書籍、報章媒體、產業分析或專業網站的趨勢觀點,結合自身經驗來解讀與判斷未來發展的可能性,例如麥肯錫(McKinsey & Company)、波士頓顧問公司

第一階段

（BCG, Boston Consulting Group）和貝恩策略顧問公司（Bain & Company）、勤業眾信（Deloitte）、資誠（PwC）、安永（EY）、安侯建業（KPMG）、《哈佛商業評論》（Harvard Business Review）、《經濟學人》（The Economist）、《商業週刊》（Business Weekly）、《天下》雜誌、《遠見》雜誌、《數位時代》等。

貝爾納・馬爾（Marr Bernard）在《未來技能》（*Future Skills*）書中提到，我們需要了解科技如何影響我們的世界，並且預測未來我們會需要培養的技能有哪些項目——

- 數位／數據素養（digital literacy / data literacy）
- 批判性思維（critical thinking）
- 判斷與複雜決策（judgment and complex decision-making）
- 情緒智商和同理心（emotional intelligence and empathy）

- 創造力（creativity）
- 協作與團隊工作（collaboration and working in teams）
- 適應性和靈活性（adaptability and flexibility）
- 領導技能（leadership skills）
- 好奇心和持續學習（curiosity and continual learning）

世界經濟論壇（The World Economic Forum）是成立於1971年的非營利組織，在針對未來工作的洞察報告（Future of Jobs Report）中，提供未來五年持續成長的技能預測，並因應未來商業的複雜性問題與變動性，其中成長幅度最大的前十項核心技能──

- 創造性思維（creative thinking）
- 分析思維（analytical thinking）
- 科技素養（technological literacy）
- 好奇心和終身學習（curiosity and lifelong learn-

第一階段

ing）
- 彈性、靈活性和敏捷性（resilience, flexibility and agility）
- 系統思考（systems thinking）
- 人工智慧和大數據（AI and big data）
- 動機和自我意識（motivation and self-awareness）
- 人才管理（talent management）
- 服務導向和客戶服務（service orientation and customer service）

投身於全球人才培育的湯姆‧利文斯克里夫特（Tom Ravenscroft），他於 2009 年創立的非營利組織「技能培訓夥伴計劃」（SkillsBuilder Partnership），致力於確保每個人在人生每個階段都能培養成功所需的基本技能，他們每年都會針對基本技能提供研究報告，報告中提到關於未來的必要能力，而且這八項高轉換技能幾乎能應用在任何工作上——

- 聆聽（listening）
- 溝通（speaking）
- 解決問題（problem solving）
- 創造力（creativity）
- 保持正向（staying positive）
- 遠大目標（aiming high）
- 領導（leadership）
- 團隊合作（teamwork）

■ 持續發揮價值需滿足一個條件

　　如果我們將以上這些關鍵字全部都擺在一起，包含數位素養、數據素養、批判性思維、判斷與複雜決策、情緒智商和同理心、創造力、協作與團隊工作、適應性和靈活性、領導技能、好奇心和持續學習、創造性思維、分析思維、科技素養、好奇心和終身學習、彈性、靈活性和敏捷性、系統思考、動機和自我意識、聆聽、溝通、解決問題、創造力、保持正向、

第一階段

遠大目標、領導、團隊合作……這些關於未來需要具備的「關鍵字」，你有發現其共通點為何嗎？

那些可能適應未來的能力，關鍵在於「能被移轉或放大且不會被時間所限制」的特性。

而具備這樣條件的「價值」，無論時代趨勢與環境如何變化，幾乎都是短時間內很難被取代，而這些所謂能夠符合未來的價值中，多數也都會體現在「思維」、「溝通」與「情感」方面，依然圍繞在「人」本身的存在。

筆者過去就讀設計學院期間，學校要培養學生成為一名優秀的設計師，基本功的課程包括手繪素描、繪圖軟體（Adobe Photoshop、Illusator）、3D建模（Alias、Autocad、Pro-E）、設計史、色彩學、人因介面、材料學、模型製作與製程工法等，對於一位設計師的養成而言，每一堂課所訓練的基本能力，看似都很重要。

為何你需要擁抱自己的價值

如何將腦中的畫面描繪出來的能力是基本功、繪圖軟體的操作是必備技術、製作模型的手感和技巧很重要，以上這些都是將腦中的概念實體化，所需要具備的基本技能包，然而了解材料的特性、掌握色彩的個性與製程工藝等，包含對於比例均衡的敏感度、色彩的搭配細節與流程的試做工法，這些是從中能獲得的細節概念。

所以相較於未來的價值層面來說，如果套用能被移轉或放大且不會被時間所限制的部分，到底有哪一些才是你需要專注、花時間持續練習的部分，應該就能逐步釐清與掌握重點。

▍首先，找出可轉移且放大的關鍵能力

我們觀察全世界關於設計課程的訓練，已經不只是強調設計的成果（造形與功能），更多練習的是多元思考、觀察問題與跨領域思維的解決方式。

第一階段

　　例如該如何運用產品與市場溝通、能快速適應客戶需求變化的方案思考、精準地預測銷售量能的成長，這都是一個商品被設計出來之後是否能夠存活的指標，而且這些經驗才是能夠解決真正的問題，以及創造出相較於過去更多價值的設計。

　　回想過去十幾年前的課程內容，隨著現代軟體已更新、技術已突破、趨勢已改變的狀態，現在我們只要描述一段文字就能透過計算自動生成畫面，用一張圖就能瞬間模擬與套用類似風格的概念。過去我們需要花三小時來產出一個成果，但是現在運用新科技，只要十分鐘就能產出幾乎完全一樣的成果，一百八十分鐘與十分鐘，數倍產能的結果，放在一起高下立判。

　　當然有人會說，我現在單靠這項技術就足以謀生，看來或許如此。過去因為資訊落差與數位工具發展的關係，可能讓某項技術的學習門檻很高或學習曲線很長，需要透過長久的經驗與歷程累積，才得以轉

換成為個人能力,而過去擁有「資訊落差」或「技術落差」的領域,例如買房、投資、水電、語言、裝修、繪圖、寫作等,因為部分無法公開透明的狀況之下而產生的利潤落差,現在這中間的「落差」幾乎已經被科技所弭平。

綜觀現在的技能學習曲線,80％的學習基礎,現在可能只需花20％的時間就能掌握基礎知識,而剩下20％需要深入鑽研的進階內容,則是必要花費超過80％的時間,才得以突破到更高階的層次,這的確是能與其他人產生差異的地方,但就一般的學習成效來說,或許80％的基礎能力就足以應付工作或任務所需。

所以我們回過頭來思考關於未來的價值為何,我們先檢視自己手上所擁有的工具或所掌握的經驗,除了能夠適應未來的方向之外,還需要思考是否適用於其他環境。如果只懂某一間公司獨有的派系或文化潛規則,可能去到其他不同文化的公司,就幾乎無法複

第一階段

製經驗，這樣的條件並不是未來能夠被移轉與放大的能力。

面對未來，最怕的是待在原地不動。

我理解在面對一件從未做過的任務或目標時，內心都一定會感到緊張、焦慮或不知該往哪個方向（除非你不在乎結果或不用為結果負責），如果你是一個任務的負責人，還必須擔負起決策，負責選擇的後果。

儘管碰到挑戰還是要面對，如同在一片迷霧中前進，或許終點不清楚，但往前踏一步就是前進，唯獨只有往前進才能逐漸看清楚方向。

過往曾參加一場關於年度目標的全台業務大會，最高階的業務主管希望激勵業務持續往前衝，不要因為失敗就灰心，他說：「你知道一部車在什麼時候最耗油嗎？就是長時間怠速，待在原地不前進的車子最耗油，如果各位一直待在原地，其實是最浪費精力與時

間的，所以持續向前進才是最好的方式。」

因此面對未來，我們現在開始建立專屬於自己的價值。

第二階段
定義個人價值該怎麼做

透過前段內容,我們已了解關於價值的定義與擁抱價值的重要性,接下來,再來我們要開始尋找與定義專屬於你的價值。

我相信,一定會有人有這樣的疑問:「定義好自己的價值之後,到底能用在哪裡?」

的確,定義個人價值之後,並不會立即看到成效,平常不會有同事直接問你:「你的價值是什麼」,不會有老闆主動對著你說:「你到底可以貢獻什麼」,更不會有客戶指著你說:「展現出你的價值給我看」。但是當「價值」累積到一定程度,並透過適當方式呈現出來,你會發現所引發的效應比你想像中更巨大。

市場上有許多呈現價值的方法或策略。個人使用手冊(Personal User Manual)就是一個例子,這是一種明確表達自己專長、特性與強項的方式,讓其他人如同閱讀說明書般了解如何與你共事。

伊瓦爾・克羅格赫魯德（Ivar Kroghrud）創辦數據公司 QuestBack，這家公司不斷成長，員工總數快速增加超過三百人，由於人數太多，有的人他連名字都叫不上來，2011 年，一位教授在倫敦商學院一次會議時無意間提到了個人使用手冊的想法，克羅格赫魯德認為這或許可以解決他的問題。

　　回到辦公室後，他起草了一頁文檔，闡述與他共事的最佳方式。文件指出他喜歡和厭惡的事情，以及他對員工的期望。例如，他喜歡深思熟慮，從容應對，即便是對方希望他能直接做決定時也不例外。

　　這種做法立刻獲得積極的反饋，同事們都認為，這讓他們更有效地了解與他共事的方式。

　　「賽道」（track）也是常見的方式，包含人生賽道、職涯賽道、賽道契合或賽道選擇等，都是因應不同的職涯階段而選擇適合的道路，例如如何選擇人生的「賽道」，也就是專注於尋找適合自己的領域、產業

或方向,並且勇於選擇與行動。

創業家郭家齊(Andy Kuo)在《至少努力當上主管一次吧:站高一點,擁抱職場新視野》談到關於選擇「賽道」的概念──「每換一間公司,都是一個新的機會,也是一條新的賽道,彎道超車機會,來自不斷爭取加入有潛力的新創公司,你彎道超車的機會在哪裡呢?公司每個階段需要不同人才,調整自己符合公司當下的需求。」

無論是企業或個人,建立「護城河」(defensibility)是展現價值的關鍵。護城河可以理解為「建立門檻」,具體的行動包括:專注發展某些特定技能、深耕特定產業領域或創新商業模式。目的是讓自己不易被取代,或在市場上不會輕易被競爭對手搶占市占率。

舉例來說,開一間小吃店可能屬於較低門檻的行業,但要打造一個連鎖企業,則需要較高的門檻,此時你與競爭對手之間的護城河更寬。這個觀念源自於

我曾參加的一場高層會議。當時，集團總裁說了一段令我印象深刻的話：「開一、兩間店是做生意，開五十間、一百間店才是做企業。企業與生意是不同的，因為難度高的事業才找不到對手。」

回到個人層面，建立護城河就是要思考：你有什麼別人難以獲得的經歷或經驗？這可能來自於你的產業專長、豐富年資、投入的成本或是獨特的背景。

多倫多大學羅特曼管理學院教授、經濟學家阿傑伊・阿格拉沃爾（Ajay Agrawal）在〈機器學習的制勝之道〉（How to Win with Machine Learning）一文中也提到護城河的概念。他認為企業需要擴大思考範圍，善用機器學習技術為業務打造護城河，建立競爭對手難以模仿的能力。透過機器學習，企業可以識別規律，預測消費者需求，進而提升營運效率，製造更好的產品。

總的來說，無論是建立個人使用手冊、選擇職涯

第二階段

賽道，還是構築護城河，其根本都在於清楚了解自身的價值。只有確切知道自己的價值所在，你才能有效運用這些概念，並在職場中取得實質的成效。

價值就是一場不公平的牌局

想像一下，你正坐在一張跑馬場型的牌桌前。眼前有一位荷官，身旁坐著幾個人，大家圍繞著圓桌玩同一場牌局。然而，你發現牌桌上的每個人手中的牌數和花色都不同，有人可能有五張牌，有人可能只有一張。儘管如此，只要坐在牌桌上，每個人的目標都是贏得牌局，所有人都在尋找最佳的出牌時機。

看到這樣的描述，你內心可能會想：「這場牌局不合理啊！」、「怎麼可能會有這種牌局？」、「這明顯不公平！」、「為什麼他有五張牌，可能還是同花順，而我只有一張？」等等。但讓我們換個角度來看這場牌局。

相信大多數曾在職場工作過的人都有面試的經驗。上述牌局的情境其實與真實的面試情況「幾乎相同」。對於企業主、公司人資或獵人頭（也就是荷官，制定牌局規則的人）來說，他們面對的是所有面試競爭者（牌局的其他參賽者）。每個人都因過去的家庭背景、生活經驗與資歷，造就了獨特的個人價值（就像參賽者手中牌的張數與花色）。人資根據目前公司內部的職務需求（參賽者尋找適合出牌的時機），來決定哪位求職者能進入公司（也就是最終贏得牌局的參賽者）。

這聽起來很殘酷，但規則就是如此。

職場中多數人想要晉升、加薪與獲得權力，而彼此之間的經驗、能力與態度都不相同，有人一開始就擁有非常多牌（先天帶來的優勢，加上後天的努力），有些人手上有慢慢地多幾張牌（持續靠著後天努力工作換來），有些人只會覺得自己手上牌不夠多

第二階段

（因為不想努力所以停留在原地），但如果你只會抱怨其他人拿著愈來愈多牌，最後只會讓其他人贏得愈來愈多場的牌局，中間的勝負也愈差愈多場。

我們重新思考一下剛剛上述的情境——「制定牌局規則的人」、「其他的牌局參賽者」、「贏得牌局」幾乎都是你無法確認與掌握的部分，唯獨「持續增加手上的張數牌」與「尋找適合出牌的時機」，才是你可以主動掌握的事情，這也是我在這個階段最想與你分享的地方。

現在你正處於這場牌局中，你的手牌是什麼樣子？

- 你知道自己有哪些牌嗎？
- 你知道自己有幾張牌嗎？
- 你知道自己缺哪張牌嗎？
- 你該如何逐步地建立起自己的牌組？

你的手牌代表你的價值，所以無論你現在處於什麼人生階段，過去曾經認真思考過自己的價值是什麼嗎？我相信絕大多數人可能沒有真正花時間想過，但只要你願意開始，一切都不嫌晚。

建立自我價值的三個關鍵心態

在我們開始盤點與思考自己的價值之前，有三個心態務必要先告訴自己，因為在思考的過程中，一定會被其他的因素影響，所以我們要盡量先將可能干擾自己的因素去除。

▎1. 完全不要有比較心態

每次參與企業內部的大型商業提案，或是進行個別商業提案的輔導時，我們很常見到提案廠商使用「比較」的手法來說明論點。這種做法的目的是限制對方的思考框架，讓對方聚焦在特定範圍內，以便快速

第二階段

確認彼此的認知。這就是「比較」呈現的背後意涵。

回到先前提到的牌局，當我們思考自己手上的牌時，很容易因為看到競爭者有幾張牌，而設定「要比對手多拿幾張牌」的目標。

這樣確實能讓我們快速知道需要擁有多少張牌，也可能提升贏得牌局的機率。但人生不如牌局那麼簡單。如果你一開始就把「比較」作為目標，就等於把範圍限制住了，讓競爭對象成為你的天花板，無法專注把自我價值提升到更好的位置。

如果你內心一直把某個人或其他競爭者的表現納入考量，你就限制了自己，不知不覺陷入了比較的陷阱中。當你被競爭對手限制在這個框架時，你眼中就只剩下「層級」和「範圍」的思考，只在意要贏過他，反而忽略了其他周遭的細節。

當你過度關注「層級」時，你可能只顧著往上

爬,忽略了水平發展的機會。舉例來說,你可能只想著「如何從一般員工升到主管」,卻忽略了「如何成為部門中不可或缺的專業人才」這個選項。

而當你把自己限制在特定的「範圍」內時,你可能會錯過更大的機會。但如果你能抽離自己,重新思考自己的制高點,反而可能獲得意想不到的結果。

在我過去擔任企業核心幕僚的經驗中,曾親眼目睹兩位初階主管A、B競爭一個中階主管的位置,高階主管握有決定權。過程中明爭暗鬥,用盡各種手段,爭得你死我活。最後,初階主管A獲得晉升。然而,不到一年,贏得鬥爭的主管A光環已消失,更因為無法做出有效成績,導致整個部門的人陸續離開,最後整個部門被裁撤。

另一方面,主管B在當時失敗後,開始在內部另尋出路,轉到其他產品單位。結果他負責的產品一推出就在市場上大受歡迎,當初的失敗反而換來改變的

第二階段

轉機。

所以，在你開始建立個人價值的階段，要記住這是你與自己內心的對話，與他人無關。此時此刻，「你要獨自面對自己」。雖然聽起來很奇怪，但這就是現實情況。

2. 尋找跟自己真實對話的時刻

無論你已經進入職場幾年，我想每日的工作、吃飯與睡眠，可能已經完全填滿你的時間，就算有獨處時間，多數人可能都只想休息，所以當你想要一個特定的「專注時刻」，可以尋找一個讓你能獨自放鬆的時間與空間，也就是在「一定的時間之內」不會「有人突然打擾你」的空間。

什麼樣的空間與時間是真正可以讓自己放鬆？以下列舉一些情境——

- 浴室是一個獨處的空間，洗澡或泡澡就是一個完全放鬆的時刻，就是讓人真正表現出自己的環境，有人會在洗澡時高歌、有人會沖著熱水，閉著眼睛享受蒸氣的舒適感、有些人會覺得洗澡時文思泉湧，甚至遇到的難題都會瞬間想到答案等。
- 每天拖著疲憊的身軀，開車回家的途中放著自己最喜歡的音樂，享受一個人的感受，回到車庫停好車之後，把車燈關掉、沒有熄火、坐在車內，真的只有坐在車內休息、自言自語、繼續聽著還沒播完的音樂，當下只有自己能聽到自己內心的聲音。
- 假日找一間遠離塵囂的旅館入住，一個人聽著窗外的蟲鳴，此時此刻雖然非常安靜，但頭腦卻是異常地清醒，這時候也非常適合與自己對話。
- 夜深人靜的時候，家人都已經休息，自己獨自

坐在書桌前的時刻,只留下一盞檯燈的時刻。

以上這些情境都是創造傾聽自己內心聲音的可能情境,你可以依據個人選擇適合自己生活環境與時間,透過創造適合的環境,更能坦然地面對自己,但如果你真的無法與自己對話,還有另一種方式——

> 站在鏡子前面,看著鏡中的自己,
> 問自己:「我要怎麼幫眼前的這個人?」

把鏡中的自己當成另一個人,而且是極度需要你幫助的人。他就站在你面前。運用這種方式,可以讓你以另一個角色,站在幫助自己的第三者立場。當然,目的都是讓你的心態能更進入狀況。

3. 誠實地描述自己

誠實描述自己的原則,顧名思義就是不能欺騙、

誇大、捏造不屬於自己的事情。

回顧過去的經歷與成就時，我們容易將問題歸咎於外在環境或他人，卻忽略了自己的錯誤。我們傾向只思考對自己有利的部分，即使問題可能是由自己引起的，卻把錯誤的結果都推給別人。這種只對自己透露部分事實的思考方式，必定會造成後續的連鎖影響。

BBC未來網（BBC Future）編輯梅麗莎・霍根博姆（Melissa Hogenboom）在〈通過事實來撒謊〉（The devious art of lying by telling the truth）一文中，用「敷衍搪塞」（paltering）來形容這種情況，也就是依靠講述部分事實來掩蓋謊言。

例如某些房地產經紀人，遇到潛在的買家問不受歡迎的房產有多少實際的競標時，他的回答卻是「有很多人來諮詢」，又或者某位二手汽車銷售人員說，這輛汽車在寒冷的清晨能夠順利發動，但並沒有透露一個星期前它壞了。

第二階段

以上這兩個陳述都是真實的,但卻掩蓋了這房子不受人歡迎,這車有故障的現實。

在面對自己的過程中,不要迴避對自己不利的部分,反而一開始就要盡量客觀地將自己所扮演的角色與所建立的成果描述出來,反而能更貼近自己真正的價值。

所有價值的建立基礎,都在累積對方的信任感,只要破壞了就很難再回復,如同程天縱老師在《管理者的養成》一書中,提到關於「可信度」(creditability),是指過去成果的累積,是由別人對你打的分數,並且可信度一定會進入到對方的潛意識裡。而可信度就是評估真實性的重要指標,透過這樣的方式增進彼此在認知上的「交集」,降低雙方不確定的「差集」。

在過去與眾多高階主管共同面試的經驗中,我深刻體會到許多細節,領導者與管理者都很善於分辨面

試者經驗的真偽。

某次面試中，主管問面試者：「跟我們談談（履歷表上）這個專案吧。」

面試者回：「這個專案的任務是由我全權執行，中間經過數個月⋯⋯」

但當我們深入詢問細節時，對方無法清楚說明許多執行面的問題。經過追問後，才得知這其實是整個團隊的成果，他只是團隊成員之一，負責某一階段的工作，而非如前所述的全權執行。短短幾分鐘內，說法就不攻自破。

所以，絕對不要造假任何關於自己的一切。

主動定義你的叉子

第二階段需要達到的成果，就是建立起屬於你自

第二階段

己的叉子。

叉子有三個分支,分別為「技能」、「特質」與「潛力」,也分別代表著過去經驗、現階段狀態與未來的想像,至於該如何強化叉子的分支,則要以「經驗是時間的累積,內容是量化的結果」來當成中心思維。

- **技能**:從你過去的經驗,重複積累的工具。
- **特質**:以現在的你來說,呈現階段的狀態。
- **潛力**:指未來情境想像,回推建立的印象。

無論你是剛畢業的學生、有年資的工作者,或身為主管,我們常常將注意力集中在結果上。然而,我們不僅要關注「果」的成功或失敗,更需要探討這個「果」是由什麼「因」所造成的。

圖 2.1　歷程經驗的「叉子」

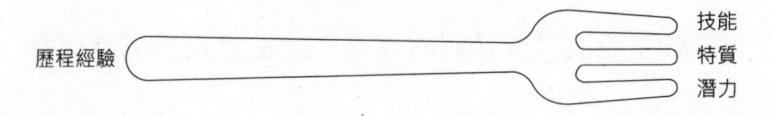

定義個人價值該怎麼做

許多人撰寫履歷時，可能只是列出工作技能、上傳學歷與證書（也許只花了一小時、半天或一天的時間），然後就將這樣的履歷投遞到所有公司。結果往往是在幾秒內被歸類為不符合條件，而你甚至不知道原因何在。因此，建立價值的第一步，就是要讓你脫離「不符合」的那一區，轉到「符合」的那一區。我們需要思考如何讓招聘人員快速看到他們認為有價值的地方，這才是你應該做的事。

從自身角度來看，當你成功完成一件任務、達成一項目標或產生一種結果時，如果回頭審視成功的過程，最主要的因素在於你擁有完成這個任務的「技能」，並且藉由運用個人的「特質」，展現出面對任務的精神與解決問題的行動。透過這樣的過程，積累出他人對你「潛力」的認知。重點不只在於「成果」，更在於「過程」。

某次的機緣下，我有機會與某位全球菸業台灣區

第二階段

人資長聊上一段話,那天她穿著一件印有集團品牌圖案的衣服,說著一口流利的英文,當時我與她請益關於如何看人、選人、要人的歷程。

我問:「在這麼多看人經驗中,如何為一個職位選擇最適合的人?」

她回答:「每個職位我們都要最好的人。我們常看到面試者一直在說他做了什麼事、達到什麼結果,講一堆數字或績效等,但這些不是基本就應該做到的嗎?領薪水不就是因為有績效嗎?那些其實是不用談的部分。我們需要看的是他如何達成的?因為他具備什麼能力,又為何能達成?透過這些,我甚至能看到他未來的樣子,這些才是重點。」

有趣的是,我們常常只從自己的角度出發,習慣專注在「我們成功完成一個任務,為公司帶來多少效益」。但其實對方的整體判斷基準是「我們如何達成任務的過程,以及在什麼樣的環境條件下完成的」。他們

藉此來判斷：這樣的成功經驗是否能在未來的工作中被複製。

這其實與「STAR 原則」的概念相符。STAR 是一種行為面試方法，透過這種方式來了解面試者所描述的情境是否符合相關經歷，從而對這位潛在人選的價值做出判斷。STAR 分別代表：

- **情境（Situation）**：描述你需要達成目標的情境。
- **任務（Task）**：你所要達成的目標為何，這個目標是否符合公司的發展方向。
- **行動（Action）**：你為完成任務所採取的具體行動。
- **結果（Result）**：你的行動帶來了哪些產出或結果，以及你從中學到了什麼經驗。

對於定義價值而言，不僅僅是專注在「技能的強化」，更包含「特質的培養」與「潛力的塑造」。同時

第二階段

展現出你的技能、特質與潛力,這三個面向都同等重要,是他人能夠感受你價值的完整依據。

技能／What

「技能」,是最直接可視化與體現的,而且是可被移轉的。

技能不僅僅是單一技巧,它可能包含技術、軟體證照、學歷或語言等多個面向。這些都是你從過去經驗中積累而成的「工具」。真正的技能體現在兩個方面:一是這個技能能夠產生的具體成果,二是從過去實戰經驗中培養出的實際能力。只有同時具備這兩點,才能稱之為真正的「技能」。

語言是一種技能,代表著能使用多種語言的溝通能力,未來因應海外市場的開發需求,適用於世界各國客戶生意合作溝通的情境。

撰寫程式是一種技能，可以增進工作效率或降低流程耗損，而且可用來解決問題、克服執行的困難點或達成某些階段的目標工具。

領導力是一種技能，它包含帶領團隊的管理經驗，以及更高層次的視野。擁有領導力的人不僅具備多元的思考維度，在達成目標、分配責任和應對壓力方面也都有顯著的提升。

這些技能的發展方向，會因為所處的產業、領域、職務、定位與所負責的工作項目，產生極大的差異，因此讓技能的呈現產生各種可能性，如果用白話來描述：

> **技能 =「你擅長什麼」或「你更懂什麼」**

這樣說或許還太廣泛抽象，因為大家對於「擅長」、「會」和「懂」的定義有所差異，有些人可能學

了幾個月的軟體工具,就會告訴對方說我會這個,但是對方認為的會,是具有使用軟體的七成以上的功能操作,並且能用這個工具解決問題的能力。有人說我會維修某台機器,但可能只是懂基本維修,而對方所認定的懂維修,包含機器故障所發生的所有問題都可以被解決,所以該如何呈現「你擅長什麼」或「你更懂什麼」,就是需要探討的部分。

我們以「你」做起始出發點,如果現在要你寫出自己的人生中,有哪三到五個技能是你引以為傲且值得向別人展示出來的?你會選擇哪幾種技能?你會如何衡量這些技能?你為何確認是這幾項技能?

當你聽到這樣的題目時,腦中的記憶體開始瀏覽,從過去的出生地、家庭背景、求學過程、最高學歷、現在的工作、職業、職位、證照、知名作品到競賽成績,以及未來即將成為的身分、事業與想達成的目標,這其中一定有幾個重要的里程碑,值得讓你表

現的地方。

如果你是學生，你可能會從學校作業、社團經驗、競賽獎項或曾參與外部的公益活動，思考哪些可以當成技能的主軸。

如果你是社會新鮮人，從之前的企業實習經驗、曾經製作過的各種作品、參與過的專案角色，以最具成效與符合職場的內容做基礎，選擇執行過的活動中最棒的案例。

如果你已經有超過三年以上的工作經驗，我想你大概不會使用過去在學校的經驗，而是從過去進入職場的這幾年，將參與過的工作經驗都條列出來，包含在不同領域、公司或部門所執行過的所有專案項目與成果。

如果你已經有超過十年以上的經歷，則可以選出過去在每間公司中最亮眼的一項成績，相信每一間公

第二階段

司都會有一個代表作,或貢獻的最大產值,又或者是負責哪些專案客戶。

▌ 技能樹結構的生長

當我們寫完這三到五個的技能內容之後,還必須要說明為何是這幾個技能、這個技能所達成的成果與影響、使用這個技能去克服什麼樣的困難、這個技能養成的初始緣由等,讓對方了解技能是有其脈絡,如同角色扮演(RPG, role-playing game)遊戲,升級與特殊技能都是經歷每個階段的挑戰。但如果在描述這幾種技能都使用整段故事的方式,那也會讓雙方花費太多時間,所以我們可以使用技能樹的結構方式來收斂技能。

想像一下,一棵樹佇立在森林中,它一定有主幹,從主幹的左右兩端長出枝幹,每個枝幹上都生長著非常多的綠葉的畫面,技能的收斂就如同這棵樹的

生長方式，你可能擁有幾種關鍵技能（主幹），而這些技能可以應用在不同的領域與情境（枝幹），並且在不同的情境中所達成的成果（樹葉）。

表 2.1　技能樹結構

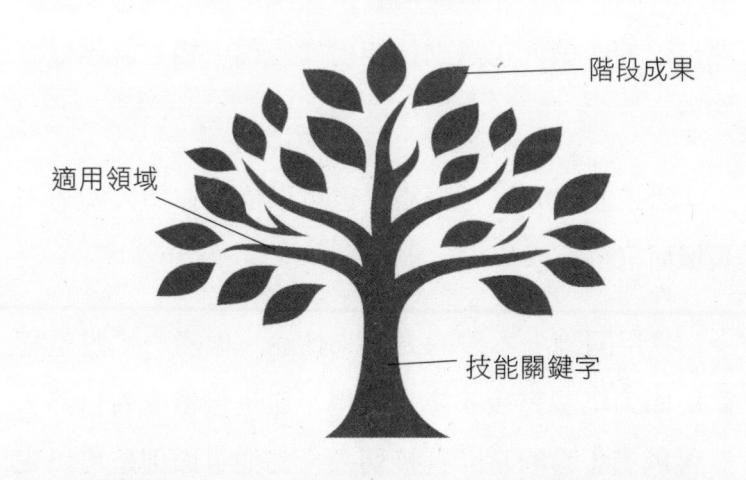

技能關鍵字	適用領域	階段成果
主幹	枝幹	葉子

第二階段

　　建立專屬於自己的技能樹結構是非常重要的環節，剛開始寫的時候可能會很燒腦，尤其當你過去不曾統整過自己的技能樹，等於是從頭開始探索過去的自己，但如果過去你都有固定每年與主管一對一討論績效、養成寫工作日誌的習慣，或是固定每年都會整理自己的成績，在建立技能樹的過程中相對就輕鬆許多。

　　而技能樹的思考脈絡，也可以依據你個人的思考習慣而定。

　　我用閱讀一本書的方式來比喻，你看一本書是喜歡從頭到尾讀完後才產生心得，還是習慣先看目錄，抓喜歡或想看的章節直接切入，其他章節則是可以先跳過？

　　有些人擅長從一整段文字中，一邊閱讀一邊在腦中整理出重點，但有些人是先抓住幾個關鍵，其他內容則是快速瀏覽，雖然兩者的結果都能閱讀出這篇文

章的重點,但思考重點的路徑完全不同,所以技能樹的思考模式通常會有以下兩種:

1. 先將你自己所設定的技能關鍵字訂定出來,再依據技能長出情境與相關細節,就是「主幹→枝幹→葉子」。
2. 先將可能的情境與細節都先撰寫出來,再從整段內容去選出適合的技能關鍵字,即「枝幹→葉子→主幹」。

> **主幹→枝幹→葉子**
>
> ● 我清楚知道自己的技能關鍵字是「簡報提案」,這個關鍵字就是技能的主幹。
>
> ● 從主幹延伸說明為何是這項技能,有什麼適用的領域或情境證明,例如「過去一直擔任高階主管的簡報幕僚,通常協助高階主管對於集團

第二階段

老闆的報告,以及對於大型高價值客戶銷售的商業提案」。

- 最後延伸出葉子,也就是最後的成果,例如「曾拿下〇〇企業客戶的訂單」。

表 2.2　從特定技能出發的技能樹結構

1. 技能關鍵字	2. 適用領域	3. 階段成果
主幹	枝幹	葉子
簡報提案	過去一直擔任高階主管的簡報幕僚,通常協助高階主管對於集團老闆的報告,以及對於大型高價值客戶銷售的商業提案。	拿下〇〇企業客戶的訂單。

枝幹→葉子→主幹

- 不確定要選擇哪些技能作為主要核心,所以先把可以展現出價值的情境寫出來,例如負責於

團隊中帶領新人入職,並盡快讓新人能夠短期內接手相關業務,這是目前的工作情境。

- 每年都經手超過數十位的新人,大概都能在三個月內讓新人進入狀況。

- 確定這樣的情境與成果是個人的工作里程碑,再來思考這樣的技能會是什麼主軸關鍵字,例如「跨世代訓練」、「留才激勵管理」等。

表2.3 從所屬領域出發的技能樹結構

1. 適用領域	2. 階段成果	3. 技能關鍵字
枝幹	葉子	主幹
負責於團隊中帶領新人入職,並盡快讓新人能夠短期內接手相關業務。	每年都經手超過數十位的新人,大概都能在三個月內讓新人進入狀況。	留才激勵管理

第二階段

　　無論我們使用上述何種方式來撰寫內容,整理出你自己的技能樹,這只是第一個步驟,接下來我們還需要進行內容的精煉。

如何精煉技能的表達

　　因為需要因應其他人對我們「技能」的期待,而且技能的成果終究是圍繞在「解決問題」或「增加價值」上,所以技能需要進入精煉階段,技能樹中的枝幹與葉子,需要再使用「數字」說明「成效」。

　　為何我們需要專注在「數字」與「成效」?

　　職場專家艾美‧嘉露(Amy Gallo)於《哈佛商業評論》談到關於應徵工作列出經驗時,最好舉出你專業知識的具體案例,盡可能用數字來量化你的成就。

　　作家克莉斯蒂‧德保羅(Kristi DePaul)進一步提出一個令人印象深刻的說明範例:「我擔任過去的職

位時,將年營收從500萬美元提升至600萬美元,增加20%,同時領導一支全球團隊,所有六名成員橫跨四個時區。」

想像你的履歷是要對讀者講述的故事,重點不只是你的成就,還有你達到這些成就的背景。目標是協助潛在雇主根據你過去的成績,了解你能為他們做什麼。

> **專注「數字」與「成效」**
>
> 運用數字與成效的驗證,就是短時間內能讓對方理解你的技能可以讓對方有什麼改變、能幫助到什麼地方、提升多少市場競爭力,所以我們運用數字與成效來強化技能的成果。我們重新思考,利用數字與成效,撰寫技能樹的適用領域和階段成果,就可能成為表2.4的範例。

第二階段

表 2.4 技能樹結構加入數字和成效

技能關鍵字	適用領域	階段成果
主幹	枝幹	葉子
簡報提案 (未修飾)	過去一直擔任高階主管的簡報幕僚，通常協助高階主管對於集團老闆的報告，以及對於大型高價值客戶銷售的商業提案。	拿下 OO 某企業客戶的訂單。
簡報提案 (已修飾)	擔任營業核心的高階主管簡報幕僚超過三年，執行超過十個對於集團老闆的年度報告計畫，主導過六個大型的高價值客戶銷售商業提案。	十個報告範圍囊括年報、季報、月報，並拿下六個領域的高價值客戶，包括服務業、顧問業與零售業，總金額超過 6 億的訂單。

▌每一個關鍵字就像一張手牌

如果你能發展出技能樹的架構，你會發現每一棵

定義個人價值該怎麼做

技能樹就跟前面所敘述「一張手牌」的概念相同，這就是為何我希望你能夠寫出至少三到五種以上的技能關鍵字。

你可以複製這樣的模式去增加自己的技能樹數量，當面對到不同的情境時，就可以選擇使用適合的技能關鍵字，因為當你的技能關鍵字（手牌）愈多，就愈可以依據對象需求提供不同的選項，而且透過技能樹的來回思考過程，你可以感受到自己的技能價值慢慢地浮現出來。

技能樹的展現，甚至可以讓技能與技能之間，產出「技能加乘」的綜效。例如你所撰寫出來的技能關鍵字，其中兩項為「程式代碼」與「專案管理」。程式代碼的技能可能源自於技術相關科系的資訊背景、專案管理技能則是工作後磨練出來的技能，雖然表面上這兩者不一定有直接的關係或隸屬於完全不同部門的角色，而且兩個部門所使用的語言不同、做事頻率不同、面對問

題的條件不同、所設想的角度更是有所差異。

身為職場人都很清楚,最常發生問題的地方,就是部門之間的溝通不良。專案管理者因為時間壓力,必須整合各方的協助成果。然而,工程師需要評估並排定執行進度,且常覺得與非技術人員溝通很累人。這些困難點造成雙方對於成果交付的認知產生衝突,不同部門很容易因此產生對立。因此,如果你同時具備這兩項技能,就更能換位思考,轉變成為居中協調的角色。

因此技能關鍵字的發展,就是個人價值的基礎。

特質／How

「特質」,通常是自己較難以察覺但對方會驗證的。

隨著時間變化,每個階段的特質都會有些許改

變，但此時此刻當下的你，就是一個可被確認與定義的「狀態」。

影響這個狀態的原因，包含學歷、朋友、家庭或環境，都是影響特質的關鍵因素，某些特質的形成可能是正相關的，例如家中父母都是老師，因此而濡目染之下，非常熱衷於從事教育相關領域，展現出熱心、擅長激勵、關懷他人等，但也有可能是反向的改變，例如家庭成員都是醫生，也有可能產生不想往醫學相關領域，但仍擅長拆解問題、邏輯分析思考與可信賴等，而這些特質也成為挑戰其他領域的成功要件。

「如果現在要你說出自己的一到三項特質，你會如何向別人介紹自己？」思考特質與技能的方式相同，在撰寫特質關鍵字之後，務必提出相關的情境或案例，有什麼證據可以證明它是符合你的特質，以及因為擁有這幾項特質，讓你展現出哪些成果或克服哪些挑戰的案例。

第二階段

表 2.5　技能樹結構的特質寫作範例

特質關鍵字	適用情境	成果展現
保持積極主動	在系統導入的專案過程中，全力以目標為導向，團隊中發生有人無法互相配合時，我會主動溝通與其他人合作，讓專案得已順利進行。	經過三個月的跨部門合作，完成系統導入專案，並提升整體流程的效率。

當你在描述關於自己的特質時，如果你細讀自己所填上去的內容，會發現所撰寫出來的特質，都在反應你個人的內在價值觀與外在的形象，而形容特質的關鍵字，不會像技能是一個名詞，建議在撰寫自己特質關鍵字的內容，可以加入以下輔助詞：

- 我「擅長」……
- 我「保持」……
- 我「擁有」……
- 我「尋找」……
- 我「成為」……

- 我「相信」……
- 我「關注」……
- 我「具備」……
- 我「主導」……
- 我「喜歡」……
- 我「創造」……
- 我「注重」……
- 我「在意」……
- 我「希望」……
- 我「選擇」……

　　過去我們常聽到非常多關於形容特質的關鍵字，例如：保持學習熱誠、專注解決問題、善於溝通表達、喜歡團隊合作、擅長邏輯推理、擁有研究精神、具備創意思考、鑽研跨領域探究、保持擁有知識的熱情、自我探索的經驗、觀察思考論述記錄與實踐的能力、思辯表達、創造論述能力、探索熱情、關注自主學習或注重彈性等。

第二階段

　　透過以上輔助特質的關鍵字，應該可以讓你更容易建立起幾個符合自己特質的輪廓。但在這個階段，我想先提到一個關於特質關鍵字的思考點，我們總會習慣將特質定義在正向表述，但其實特質不一定是要完全正向的模式，因為所有的特質，並非都是一種優勢或一種劣勢，而是依據情境來決定。

　　泰勒・科文（Tyler Cowen）與丹尼爾・葛羅斯（Daniel Gross）於《人才：識才、選才、求才、留才的10堂課》（*Talent*：*How to identify energizers, creatives, and winners around the world*）提到對於五種人格特質理論，會被應用到對應徵者的分類與評估上，五種基本人格特質分別如下：

- **神經質（neuroticism）**：高「神經質」者通常會經歷較多內在負面情緒與感受，包括恐懼、悲傷、尷尬、憤怒、內疚、厭惡。
- **外向性（extraversion）**：高「外向性」者的典

型表現，包括：個性外向、親切友善、善於交際、健談、會主動積極與他人打交道等。

- **開放性（openness）**：高「開放性」者的心胸較為開闊，喜歡探索新穎且多元的想法，願意多作嘗試，對事物充滿好奇心，具備構思更多的想像力。
- **親和性（agreeableness）**：高「親和性」的人願意與人相處，樂於幫助別人、對於有同理心，並善於團隊合作，相對而言，低「親和性」者競爭性強、愛唱反調。
- **嚴謹性（conscientiousness）**：高「嚴謹性」者認真盡責、自制力高、有責任感，而且通常善於規劃及組織，因此通常被認為是團隊中的可靠成員。

以上的五種特質都有高低之分，而高低之間的差異在於表現出完全不同的行為舉止，並且放在不同情境之下，每種特質都有適用的情境優勢存在，不代表

第二階段

擁有所有高度正向特質就是好的，因為沒有人擁有完全的正向特質，人是會受到外在環境與內在心理的變化而產生出情緒感受的個體，例如一個在工作上善於溝通的人，可能談到政治時，就完全無法接受其他人的政治傾向。

書中談到高度「神經質」的人，是否可能代表「不太好」，但這並非絕對的，擁有此特質的人，不僅關注不公義現象，而且還有擁有付諸行動以伸張社會正義的能力。

因此對於特質來說，沒有絕對的好與壞，而是在特定的情境之下，尋找能夠發揮的特質就好。

▌自己最大的盲點是自己

如果你對於自己的特質沒有太多具體的方向與概念，這時候你就會需要一些輔助工具，幫你找出屬於你個人的「特質關鍵字」，讓你能夠在短時間內獲得適

合自己的關鍵字,建議方法有兩種,一是讓別人協助你,另外則為透過外部測驗來了解自己。

當你條列出關於自己的幾個特質之後,你可以開始請其他人來協助聚焦。為何我們會需要旁人的角度?因為從第三者的觀察,通常更能探索出自己尚未發現的地方,甚至能找到自己特質的盲點,以下是找人諮詢的原則。

1. 尋找三到五位利害關係人,篩選條件為在工作上或生活上與你最有交集,尤其是來自不同部門與職級尤佳,包含同事、主管與曾經共事的利害關係人(甚至過去如果有交惡的同仁,因為他可能會真實地把你的缺點全部攤出來,雖然乍聽之下不舒服,但其實更能讓你知道自己的缺失)。
2. 找一個比較舒適的工作時間(例如週五的下午或下班之後的時刻)。

3. 真誠地告訴他們你的目的，請他們據實以報，並且以個人擔保你走出這個門就會忘記一切，更不會影響未來的合作關係。

以上原則僅供參考，可自行增減，你也可以運用以下問題來引導：

- 在與你共事的經驗中，他們覺得你在什麼地方做得不錯？
- 有什麼類型的任務，他們會想要找你來接？
- 對於過去，哪些與你的共事經驗曾經讓他感到觀感不佳？
- 今天有個適合的新機會，他會不會推薦你？

但如果找不到適合的人或只想自己先獨自進行，可以參考市場上針對個人特質的測驗，常見的有「DISC 人格行為模式分析」、「MBTI 人格測驗分析」、「蓋洛普優勢測驗（Gallup Strength）」、「PDP 人格特質測驗（Professional Dynametric Programs）」等，從職涯發展、人

格特質，到生活價值觀等都包含其內，透過各種情境測驗可以了解自己還有哪些其他特質。

當我們蒐集到各種不同形式的特質後，可以結合觀察自己所擬定的特質關鍵字、他人的認知，以及測試的結果。交叉比對三者之間的各種交集，就能夠判斷出現階段的特質，並找到自己尚未察覺的盲點或尚未發現的特質方向。

透過上述方式，相信你會逐漸找到符合自己的特質。

潛力／Why

「潛力」，雖然未來無法確定，卻是可被期待與預測的感受。

為何我們還需要專注在潛力？

第二階段

儘管技能與特質已經能勾勒出一個人的價值輪廓，但判斷一個人是否適合某個職位時，依據的不單單是履歷所呈現的客觀資料，許多隱含在面試或互動過程中的感受才是關鍵。因此，我們需要「多走一步」，將個人潛力展現出來。

沒有人能預測未來，也無法準確知道世界需要什麼樣的人才，更無從得知某人進入公司或團隊後會產生什麼影響或化學效應，因此企業會設計各種外部系統測試，並融入往常經驗來評估合適人選。儘管我們都希望以科學數據化方式評估所需人才，但這些方式終究只是參考，關於潛力的展現，仍需經過人為判斷。

當我們認為一個人在某領域很有潛力時，必定是從現有的徵兆、訊號或細節表現中得知。我們會根據對方展現的狀態來判斷。例如，招募特定職位時，會考慮需要哪些條件與特質的人較為適合，並以現有的特質與經驗作為評估基準。

定義個人價值該怎麼做

萊恩・霍克（Ryan Hawk）於《歡迎進入管理階層》（*Welcome to Management*），提到為了打造適合的團隊，要先釐清你最看重的條件為何，但這些條件重點並非放在資歷要求，萊恩提出他個人尋找新人手的價值清單通常包括幾個特質。

- **韌性**：在人生艱困時期刻苦奮戰的能力，在被擊倒時還能夠重新站起來。
- **樂觀**：他們相信，如果持續努力下去，會有好事發生的。
- **活力**：保持對於生活的熱情。只要他們一出現，就能讓現場的能量為之一振。

例如「韌性」是一個我們想要展現出來的潛力關鍵詞，因此真正能讓對方感受到你有「韌性」的潛力，是運用過去的情境案例來證明，也就是面對當時的各種困難，或經歷過上個階段的失敗後，還能夠持續保有面對的心態。

可能有人會問:「特質」和「潛力」如何區分?這取決於他人如何根據你過去的經歷,以及未來可能遇到的情境來判斷。

舉例來說,面試一位剛畢業的學生時,如果他曾經遇到團隊成員不配合,導致團體作業可能無法如期交付,但他透過一對一溝通,順利解決作業分配的問題。若套用到實際團隊工作的運作上,這至少展現出他具備團隊合作的溝通能力,這就是一種潛力的表現。

相對地,如果應徵者已經擁有超過十年的團隊管理與合作經驗,並且都能做出一定的成績,那麼團隊合作就可以被視為他已經擁有的重要特質。

這就是「特質」和「潛力」之間的主要差異。

過去我曾與同事 E 共事,雖然只有短短幾個月的時間。在我們被分派到不同品牌事業部之前,E 的一項能力讓我印象深刻:她能在會議結束的當下,立即

發送出完整的會議記錄。在我過去與許多優秀同事共事的經驗中，能把這件事同時做到、做好又做對的人，可說是少之又少。

或許有人會認為這不過就是一份會議記錄，太大驚小怪了，就算當日晚些時候再寄出也不會造成影響。但每次由 E 擔任負責人的會議結束後，所有與會者的 Outlook 信箱幾乎同時跳出通知，收到這場會議的會議記錄。更令我不可思議的是，E 在會議中仍全程參與，需要發言與問答時，依舊跟著所有人的節奏討論。因此，如何運用時間，同步整合會議中所有利害關係人的重要建議、行動共識（執行討論、里程碑與時程追蹤）與檢核點（時間記錄、議程）就成為關鍵所在。

我記得 E 與我第一次共同參加的跨部門會議，結束後收到 E 發出的會議記錄時，發現她幾乎把剛剛會議重點完整統整好。無論是有參與或沒參與會議的

第二階段

人，都能清楚地知道這場會議的重點。當時我瞬間被震撼到，原來會議記錄可以達到這樣的程度。

在受到刺激之後，我決定好好練就這項能力。在下一場會議開始時，我就仿效 E，根據發言人來回討論，把我認知的重點整理好。會議結束時，我將 E 和我的會議記錄都印出來比較，才看到其中的差異。

當時的我好像只在打逐字稿，將大家的話分段出來。相較之下，明明是同一場會議、同一群人的發言，為什麼呈現的內容差這麼多？這不只是對內容的理解程度，還包含結構、重點整理，以及最重要的下一步動作溝通，這應該是會議記錄最重要的功能。（雖然現今已有相關技術與工具，透過語音轉文字並歸納出重點來產出會議記錄，但不變的是掌握重點與觀察細節的能力，而且這樣的基本功不會因為技術革新而改變本質。）

透過一份會議記錄，我看到 E 擁有「細心觀察」

的特質、「快速統整文字重點」的技能,背後所感受的是「具有執行效率與化繁為簡」的潛質。所以當未來有較複雜與緊急的問題時,對於 E 的潛力認知就會浮現出來。

由此可見,他人對潛力的認知,往往源自這些特質和技能的交疊。要展現自己的潛力,可以從未來可能面對的場景回推,描繪出想要呈現的「潛力感」。下面的表格是延續表 2.5 的描述,以場景回推的方式呈現潛力的寫作範例。

表 2.6　技能樹結構的潛力寫作案例

潛力關鍵詞	適用情境	回推可能適用的場景
保持正向積極的活力	保持對於探索工作與生活的熱情,通常是團隊中的開心果或活動主持人,讓現場的能量為之一振。	適合需要團隊合作的工作情境、解決低迷士氣的團隊氣氛、經常需要與人接觸互動的工作範疇。

第二階段

　　既然潛力屬於人為判斷與感受，自然會受到許多外在條件的影響。

　　前面提到，潛力是由對方認為可被期待與預測的感受，但會因應不同的年齡、職級或工作經歷階段而有所改變。例如，對於職場新鮮人或是有一、兩年經驗的工作者，潛力判斷會著重在未來有機會被運用的地方（現階段尚未成熟但有成長空間的部分）。而對於有多年以上經驗的工作者或已具備特殊專業經驗的資深工作者，判斷重點則在於可被移轉與成長的經驗（現階段可以直接複製成功或專業的部分）。

　　舉例來說，假設團隊有一個職位空缺，最後的候選人是一位中年工作者和一位新鮮人。身為決策者的你該如何選擇？

　　就現有的工作經驗與技術而言，中年工作者可能占有更多優勢，或許能花更少的時間解決更多困難的問題，中間沒有太多的學習與交接成本。但通常具備

定義個人價值該怎麼做

一定程度經驗的工作者,都已經養成自己認可的工作方法與處理問題的態度。如果面對需要共同犧牲某些時間的情況,可能會有些許影響。

反觀一位可能沒有太多工作經驗的新鮮人,的確無法成為即戰力,必須要承擔學習成本與學完後短期就離開的風險。但新鮮人擁有更長遠的工作年齡、願意主動學習新事物的心態、展現符合現代的個人消費思維等優勢。以上這些並非用履歷上的技能與特質資歷來衡量,而是以潛力為判斷基準。

過去我在招募數據團隊的經驗中,有一位候選人「擁有自我學習動機強的特質,以及能快速適應數位系統工具的技能」。他平常就會使用線上工具來管理個人排程,並透過 AI 工具來探索相關技術。下班之餘還會主動參加產品製程的社群,希望更了解製造工法的相關知識。這兩項特質與技能所展現出來的背後,就是具備未來「熱衷自主學習」的潛力依據。這些特質展

第二階段

現了他面對工作挑戰時的高度適應力，也顯示出他持續成長的潛力。正是這樣的潛力成為我在評估時，決定錄取這位候選人的關鍵理由之一。

對於資深工作者而言，評估潛力時我們可以著重於他們可移植且具複製價值的能力和經驗。這些可包括：

- 具備某利基市場領域的經驗
- 一個已上市的量產商品成果
- 在市場夾縫中的新型服務模式
- 國際一線知名品牌的洗禮
- 擔任特殊行業的經歷
- 同質性產品的開發經驗
- 經營特定產業的本事或跨領域思維
- 開創另一個領域的願景目標

你擁有一個領域中的多年工作經驗，可能在科技業、金融業、半導體業或時尚產業，而這些經驗的移

轉與複製,例如從 A 品牌跳槽至 B 品牌,在評估潛力的過程就會形成對於潛力的判斷。這包含能夠適應這樣的環境、能夠說這些語言、認同這樣的文化、符合這類型的人設等,都可被認定為潛力的依據。

潛力就是那些無形中讓一個人比其他候選人更具競爭力的隱藏優勢。

解決問題是所有價值的根本

當你把技能、特質與潛力都撰寫完成之後,我們最後再完整檢視一遍,關於個人價值內容的描述,並且拉高一層視野,所有內容是否都有強調「解決問題」。

如何讓人看出一個工作者的整體價值?

像是解決其他人無法輕易克服的困難、完成過去沒有人能夠達成的目標,或是更有效率地解決難題,

第二階段

觀察一個人如何解決問題的思維與行動，就是判斷這個人未來是否能夠承擔與面對其他更複雜的挑戰。我相信每個有價值的工作者或創業者，每天面對與處理的都是在「解決問題」，而解決問題的經驗絕對是最直接的價值驗證。

因此如何解決問題的過程，就是非常好驗證價值的方式。

馬斯克在 2017 年的世界政府高峰會上，公布了自己的面試妙招，他說他每次與求職者面談，必定會問一個題目：「請你告訴我你遇過最棘手的問題，以及你如何解決那個問題。」

他希望聽到求職者詳細描述問題的本質，以及解決問題的具體步驟。他認為，真正解決過問題的人能夠清楚地講述細節，並且深知問題的關鍵所在。如果求職者能夠清晰地闡述自己是如何克服一個棘手問題的，這就證明了他們的實力。此外，曾經面對過真正

棘手問題的人，往往會對當時的艱難處境留下深刻印象。

透過求職者分享的經歷，我們能夠快速了解幾個重要面向：他們所能處理的問題複雜度、解決問題的思考方式，以及他們的行事風格是否符合公司的價值觀。這種深入探討還能引發更多相關的問題。例如，我們可以進一步詢問：

「如果遇到一個你目前無法解決的困難，你會怎麼做？」

這個問題也是我過去在辨別求職者是否適合團隊的關鍵之一。每個人的背景、經歷與專業各不相同，透過這個問題，我能深入了解面試者的思維方式。我聽過幾種回答，例如主動尋求同事或主管的協助、上網搜尋解決方案、使用 AI 工具探索可能性，或請教有相關經驗的朋友等。

第二階段

一些更為詳細的回答可能是這樣的：先花三十分鐘在網路上快速搜尋可行方案，然後直接嘗試。如果遇到問題，會將已消化的問題與同事討論。有了初步解決方案後，會在下班前向主管報告，共同選擇最適合的解決方式。整個過程通常需要一到兩天。若仍無法解決，則會運用自己的資源與人脈，尋找合適的人來協助。

你能感受出這些回答的些微差異嗎？雖然沒有標準答案，但你可以思考一下自己會如何回答這個問題。無論是技能、特質還是潛力的展現，都體現在解決問題的過程中。

第三階段
如何透過練習傳達價值

第三階段

　　從第一階段到第二階段，我們已經建立了對自我價值的認知，並實際創造出屬於自己的價值內容。接下來，我們要開始練習如何有效地傳達這些價值。

　　無論是透過口語、文字、簡報或影片，我們都要結合運用商業慣用的思維與呈現方式，目的是讓對方在短時間內就能清楚理解我們想表達的內容。這樣做不僅能夠有效傳遞訊息，還能增進彼此之間的信任感。

首要目標：清楚知道自己面對什麼？

　　當我們要採取行動之前，至少需要知道自己目前的位置和大致的方向。

　　想像一下這個場景：外面正在下雨，你待在家裡，突然覺得很想吃東西。於是你開始思考幾個選項：點外送、穿上外套冒雨出門買、自己動手煮，或乾脆不吃去睡覺。這些想法都源自於你肚子餓了，而目標是

吃到東西。此時的你在家中，開始計算家裡和店家的距離，或是完成各個選項所需的時間。透過這些資訊，你才能評估哪種行動最符合效益。

所以，當我們面對一個目標時，首要任務就是要能拆解、辨識並整理目前的情況，同時確認前進的方向。這樣我們才能決定使用什麼工具或方式來達成目標。

因此，面對一種情境、一個階段或一個問題時，我們首先要思考的是背後的邏輯架構。而幾乎所有的邏輯結構，都不外乎以時間、範圍、內容來定義。

我們應該先釐清相關的時間、範圍和內容等因素。這些元素分別對應到「方向性」、「關聯性」和「因果性」這三個重要的本質：

1. **時間**：代表事件或行動的方向性，涉及過去、現在和未來的時間軸。

2. **範圍**：表示相關事物的關聯性，定義了我們需要考慮的範疇。

3. **內容**：指的是具體的因果性，包含了目標、行動和結果之間的關係。

釐清這些要素幾乎就能建立起整體框架，之後再透過適當的媒介，呈現出清晰的畫面。

表 3.1　拆解情境的邏輯

構面	時間	範圍	內容
定義	方向性	關聯性	因果性
狀態	推進或單點	聚焦或發散	起因至結果
呈現	歷史至未來	整體到部分	問題與解答

時間的變化，是一個永恆的定律

商業世界遵循時間的法則，是唯一不會被人為改變且無法被挑戰的條件。

當我們以時間為基礎，此時此刻的這一秒就是現在，上一秒就變成歷史，下一秒就是未來，時間軸就是一個由過去至未來的單一方向性，當然如果發生《星際效應》（*Interstellar*）的蟲洞或《回到未來》（*Back to the Future*）則不在此限，除此之外，時間是所有一切通則的基礎。

所以當我們在描述一件事情時，定義時間軸會成為首要的前提。

從觀看過去三國時代的局勢如何形成、科技的發展演變史、全球品牌營收霸主的興衰、電影宇宙的續集與前傳、國際戰爭的發生緣由等，我們都是透過時間軸確認範圍，確認現在所發生的狀態，回溯過去的原因與推敲未來的發展可能性。

我們進行營收的相關數據分析，常使用過去多種時間軸的營收數據成長比較，例如與同期相比的年增率（YOY, Year on Year）、季增率（QOQ, Quarter on

Quarter）、月增率（MOM, Month on Month）等數據，藉由時間的變化比較，形成判斷依據的標準。

從 2021 年到 2024 年，我們觀察到過去三年的營收變化，這三年期間形成了一個明確的觀察範圍。從 Q3 到 Q4，我們看到營收從 Q3 的波動轉為 Q4 的成長，呈現出一個逐步增加的成長趨勢，在這裡，季成為我們認知的基本單位。今年一月與去年同期相比，來客數成長了 15%，這個數據顯示我們已經有了一個良好的開始，讓我們有理由相信今年的整體成長量能將會突破去年的記錄。這樣的分析為我們描繪出未來可能的發展走勢。

週一至週五的工作計畫中，我們將焦點放在本週的工作量能上。我們把範圍限定在這個星期內，不會涉及其他時間段。這樣的做法能確保大家對工作方向有一致且準確的認知。

當我們要描述「現況」，也會利用時間來描述積累

的過程。舉例來說，你參加一場面試，面試主管詢問「為何你比其他競爭者更有機會獲得這份工作？」

可能的原因是，你過去幾次的工作轉換經歷，為你帶來了寶貴的歷練。你擁有多種技術工具的證照，能夠解決前後端遇到的問題。不僅如此，你還具備多種類型的職能項目，包括在銷售、管理與服務方面都有所涉獵。你的經驗橫跨多個產業領域，或是在單一領域中涉及多個品牌。這些豐富的歷練讓你在行業的深入了解上，相較於其他競爭者更具優勢。回顧過去三年、五年或十年的工作經驗，我們可以清楚看到這些經歷為你現在的工作帶來的價值。以上這些描述都是利用「時間」來描述你的職業發展歷程。

而價值就是一種積累的過程，所以「時間」的重要性不言而喻。

第三階段

▋ 一個範圍，談的是相互關聯的可能性

每一個主題，都可被視為一個範圍。

「一個人」可被視為是一個完整的個體，「器官」就成為個體的部分。而放大到視「一群人」為整體，一個人就成為一群人的一部分，從不同的視角與需求，我們能定義出範圍與其中的關聯程度。一個家族，透過不同的支線（部分）就形成一份家族圖（整體），每一個人都會被歸類在不同的支線，但沒有改變的依舊是擁有同個家族的血緣關係。

我們觀察一間門市營收成長的可能性，分母以全台五十間門市的平均營收進行比較，五十間門市就是整體，一間門市則就變成部分，門市之間的共通性幾乎是相同的，販售同樣的商品類型、人員訓練的質量相同、店內的展示方式大同小異，但如果我們只專注在一間門市，門市內的每個區域坪效就成為部分，而一間門市就變成整體。

端看我們最後要說明的目標結果與過程導向為何，選擇適合的範圍進行比較呈現，而且整體與部分的概念皆具有相依性，並且是可以層層堆疊的。

以個人價值的概念來描述，例如在校成績百分比與全校排名是一種範圍數值。而在職場上，負責的專案可從跨部門溝通範圍或預算規模來衡量，藉此確認專案架構的大小。當我們要描述在團隊內的貢獻時，可以先將所有工作項目羅列出來，再說明自己負責的項目為何，透過計算占比的方式來突顯個人的重要性。

而時間的方向性與範圍的關聯性，通常是相輔相成的，許多範圍的定義也是與時間共同定義出來的組合。

■ **內容的因果，就是邏輯脈絡**

無論是短暫或久遠的過程，我們雖然無法確切知道每件事發生的完整因果關係，但我們可以藉由其中

第三階段

線索，結合過去經驗，嘗試推敲出可能的答案。甚至，我們還可以透過實驗去確認其中的邏輯脈絡。

在日常業務中，我們經常遇到各種問題和挑戰，需要我們釐清脈絡並找出解決方案。例如，客服單位可能接到一通電話客訴，客人對運送品質極度不滿，甚至威脅要在社群媒體上發文投訴。在這種情況下，電話客訴是過程，訴諸媒體是可能的結果，運送品質不佳是核心問題，而安撫客戶並改善運送品質則是解決方案。

另一個常見的情況是生產流程出現問題。假設某個環節的設定出錯，導致後續所有客戶訂單都延遲。在這個例子中，生產流程是過程，訂單延遲是結果，環節設定錯誤是問題所在。解決方案則包括盡快確認新的訂單交貨日期，同時改善流程設定，以降低類似問題再次發生的機率。

在業務方面，有時會發生報價錯誤的情況。比如

業務在報價單中填寫了錯誤的價格，結果客戶要求業務自行承擔差價。在這個案例中，業務報價是過程，承擔差價是可能的結果，報錯價格是問題。解決方案可能是請主管介入，與客戶共同溝通說明，爭取客戶接受正確的價格。

最後，從更宏觀的角度來看，公司可能面臨營收持續下滑的困境。此時，營收下降既是一個持續的過程，也是一個嚴重的問題。老闆要求在短期內提出年度銷售計畫和細節執行方案，這就是為了解決營收下滑問題的一種方案。

上述的因果過程就像在偵破一件懸疑案件。案件結果已經發生在眼前，但我們需要透過現場遺留的線索，嘗試推敲可能的原因，並找到可能與這件事相關的利害關係人。最後，我們將所有線索組織起來，串連整件事的前因後果。

過去其實有很多類似的商業案例：一間家具門市

第三階段

的消費者購買了一張桌子,幾天後來電投訴:「你們的家具很爛,用不到幾天就整個垮掉,桌腳的螺絲脫落,把我的腳壓傷了,你們要怎麼負責?」除了後續的客服處理與回收家具之外,公司內部思考的課題是:「為何這個型號產品的桌腳螺絲會鬆開或脫落?」

我們回過頭來思考整件事的起因與除錯的可能:

1. 此型號桌腳螺絲需要轉兩圈半才能鎖緊。
2. 初步假設可能是組裝廠的產線人員沒有組裝好,或是出貨運輸過程中出了問題。
3. 回查組裝工廠的出貨記錄,確認同一批貨是否有相同問題。
4. 調出產線的監控記錄,查詢這批家具組裝的時間。
5. 從監控記錄中發現某條產線的某個編號組裝步驟,產線人員只轉了一圈,沒有轉滿兩圈半。
6. 訪談該組裝廠的產線人員,了解為何某日的組

装沒有按照標準作業流程執行。
7. 經詳談後發現，那幾天該名組裝人員睡眠狀態不佳，導致只把螺絲放入轉一圈。
8. 產線品管也沒有發現這個問題，家具就被包裝在紙箱中出貨，送到門市並被客人購買。

這就是一個完整的因果過程。

無論在市場或職場上，當我們探討一個問題、一種行為、一個結果或一個現象時，其中起因、執行過程與最後結果，會形成完整的邏輯脈絡。

如何展現價值的運作邏輯

現今我們所面對的世界，無論是市場趨勢、商業模式、科技創新、熱銷商品、消費習慣或各種問題現象的發生，背後都存在一套商業邏輯，仔細回想過去我們面對的所有商業情境，如同前段章節提到的，一

第三階段

定有關於時間、範圍與內容的定義，但往往我們只專注在這些現象「發生之後」的處理與見解，而忽略了這些現象「發生之前」的脈絡與成因，因此無法獲得更深入的思維經驗。

過去，無論我們學習的是視覺傳達或語言溝通，通常也都局限在一個問題配一個答案，例如：呈現比例要用圓餅圖、呈現不同年度的數據要使用折線圖或長條圖，但沒有去思考為何使用圓餅圖，是否只有圓餅圖可以使用，圓餅圖還能有哪些變化，或是比例要如何呈現會更好；如果遇到同時要呈現比例與趨勢，那又要怎麼設計。

要向他人展現價值，你必須了解其中的運作邏輯，才能靈活運用各種形式來表達。這不僅是讓你未來能夠活用所學的關鍵，更能成為你真正的武器。

基於過去十餘年擔任企業核心幕僚的經歷，累積了上千場的商業提案與簡報製作經驗，以及與國際一

線品牌的多元合作溝通經驗,我歸納出九種價值思考與呈現的方法,並將其整合為「價值九宮格」工具。

圖 3.1　價值思維框架的練習工具:價值九宮格

╱	T	＞
切割	兼具	推進
✕	△	＋
公式	堅固	區隔
÷	☐	◯
對應	框架	迴圈

以上「價值九宮格」既是一種思考模式,也是一套實用的呈現工具。它涵蓋了市場上常見的九種商業思維,能幫助你更有系統地分析問題、整理思路,並

第三階段

找出最有效的表達方式。

在實際應用中，你無需同時運用所有九種模式。只要根據具體情境，選擇其中最適合的幾種作為核心。不僅能讓溝通對象快速理解你的內容，還能在持續的互動過程中，無形中塑造你的個人價值。

透過熟練運用「價值九宮格」，你將能更全面地把握問題本質，提升商業溝通表現，並強化自身的價值定位和競爭優勢。接下來，我們將概略介紹價值九宮格的內容。

1. **切割**：如同切分蛋糕，可使用於分類、組合或拆解特定單一主題的呈現方式。
2. **兼具**：就是左右雙手，需要說明兩種項目的存在關係，並且都是必要存在的。
3. **推進**：好比動線指引，是一種以「連續流程」或「階段方向」的狀態呈現，每一個階段步驟都有其意義與重要性。

4. **公式**：等於加減乘除，概念來自於基礎的數學算式，說明一個解答的推導過程。
5. **堅固**：由三節點支撐，使用於說明一個穩定且平衡的狀態或需要滿足某些條件的目標。
6. **區隔**：打上直角座標圖，是針對某些主題的變數進行分類，探討分布與物件之間的改變或關聯性。
7. **對應**：隱含逆向思維，顧名思義談的是兩個以上物件彼此間的差異程度。
8. **框架**：形成一張地圖，針對特定議題，定義可視範圍之下的現狀、目標、原因與行動。
9. **迴圈**：就像跑馬拉松，所代表的元素之間都是環環相扣，並且帶有一定的因果關係，藉由來回循環所產生的結果。

接下來，我們將逐一練習。

第三階段

第一個練習：切割

> 「切割」是一種可使用於分類、組合或拆解特定單一主題的呈現方式。

思維上的「切割」常見於比例量測、特定指標（使用數字或百分比）進行區分，適用範圍非常多元，從問題拆解、口述溝通、工作範疇、財富分配到人生規劃皆可以適用，市場上我們常見的概念應用，例如從統計數據所得到「20／80 的市場法則」、關於組織結構「20／60／20 的變革管理或貢獻結構」、「50／30／20 的財富分配」、「30／40／50 歲世代」等方式，都是屬於「切割」的思維呈現。

如何能夠得心應手地運用「切割」的思維，「切割」其實就是「切分蛋糕」的動作。

想像一下，當你眼前有一塊蛋糕，你需要分配這

塊蛋糕給其他人一起享用,你會開始思考該如何「下刀」與「分配」?「下刀」代表如何分解,而「分配」則是歸類,我們在現實生活中面對的問題或情境,都可以比喻成一整塊需要切割的蛋糕。無論面對的是需要分給十個人的蛋糕、要用六刀切出最多片數的蛋糕,還是要將散落的蛋糕碎片拼湊成完整的蛋糕,我們都能迅速開始思考解決方案。重要的是快速行動並產生結果,即使「切割」後的答案可能不完全正確。這種思維方式能幫助我們更有效地處理各種複雜情況。

▌拆解所有物件的手段

化繁為簡,通常就是利用「切割」的方式進行。

帕雷托法則（Pareto Principle）,也就是為人熟知的「20／80法則」,由義大利經濟學家維弗雷多·帕雷托（Vilfredo Pareto）於1985年發現義大利約80％的土地屬於20％的人身上（背後有相當的數據進行支

第三階段

撐），當然帕雷托法則並不是一個定論，而是一個長時間觀察之下的判斷，但透過「切割」的簡化方式，除了可以解釋背後繁複的理論之外，更讓其他人快速掌握這個理論所要表達的要點與方向。

「切割」也常被應用到「特定時間指標」的情境。

Google 公司有所謂「20％的時間」，來自於 Google 創辦人賴利‧佩吉（Larry Page）與謝爾蓋‧布林（Sergey Brin）於 2004 年 IPO 的信件：「我們鼓勵員工，除了他們一般的專案之外，花費 20％的時間來進行他們認為對於 Google 有益的事物上。」

透過將整週工作時間視為 100％，切割成 20％與 80％去進行不同目標的工作分配，然而，這種做法後來受到質疑。根據商業新聞分析網站商業內幕（Business Insider）的報導顯示，實際上只有約 10％的員工執行這項制度。此外，曾在 Google 任職、後來擔任 Yahoo 執行長的梅麗莎‧梅爾（Marissa Mayer）

指出,實際情況是,在100％正常工作時段之外,再加上20％的額外時間,而不是所謂80％正常工作時段,另外有20％時間。

無論真實情況如何,只要從前面的描述就可以看出,如果我們運用「切割」的方式來呈現想表達的內容,就可以讓其他人快速掌握其中的變化,並且增進理解的程度。

除此之外,關於個人時間的管理議題,市場上有「番茄鐘工作法」(The Pomodoro Technique),是在1980年代後期,由弗朗西斯科・西里洛(Francesco Cirillo)所開發的時間整理方法。

蕃茄鐘工作法所採用的「切割」手法,是二十五分鐘專注工作,五分鐘休息,先將三十分鐘切割成二十五比五的比例,而蕃茄鐘工作法所採用的切割方式,至少可以延伸出三到四種層級:

第三階段

1. 基本的一個節點,是採用二十五分鐘專注工作,五分鐘休息,因此首先是把三十分鐘切割成二十五比五的比例。
2. 我們再把三十分鐘當成一個節點,經歷了四個三十分鐘的循環之後,要休息三十分鐘,因此是由一百五十分鐘切割成為五等份。
3. 如果我們以一日工作八小時(四百八十分鐘)為基準,一百五十分鐘至少可以切成三段與最後的三十分鐘,因此可清楚知道如果以一日的工作時間,至少可以有十六段番茄鐘工作時間。
4. 從一日有十六段的三十分鐘,還可以延伸至一週工作五天,就有八十段三十分鐘;一個月二十二個工作日,則有三百五十二段三十分鐘,也可以再延伸至一季或一年。

如同開頭所述,「切割」可以應用在分類、組合或拆解,對象可以是時間、日期、月份、結構或段落,

如果應用「切割」在自我價值的呈現上，可表現技能的多元性或應用層面，以及運用這樣的指標分類之後，所產生的結果與行動。

▋可設為回答問題的首要結構

　　回想過去的面試經驗，應該都有一些必考題，例如「請簡單的介紹你自己」、「請問你的優勢或缺點為何」、「為何要從上一份工作離開」、「為何想要在這裡工作」、「對於未來的目標與方向」等，而要在短時間內思考如何回應這些問題，就能運用「切割」的思維。你可以使用任何指標來進行「切割」，包含時間的分配、面對的挑戰的形式，以及所要表達的解決方案，如下：

> 　　問：您認為過去的工作經驗中，遇到最大的困難為何？以及你如何解決它？

第三階段

> 答:我認為過去最困難的部分,主要都來自於「溝通」,主要可以區分成兩部分,第一個部分是對外的跨單位溝通,第二個部分則是是對內的團隊成員溝通,而跨單位溝通最困難的在於……

透過這樣的思維架構說明,對方就可以很清楚地知道,你正在講是「切割」後的第一個部分,然後接續下去是第二個部分。觀察那些善於溝通的工作者或專家,你會發現他們有一個共同點,無論是在公開演講、工作項目溝通,還是問題討論時,這些人都會習慣性將所要描述的方案,運用「切割」的方式區分成第一點、第二點……或是第一件事、第二件事……這也是熟練「切割」思維的展現。

▌延伸切割出更多層次

如何將已經切好的十片蛋糕,再多分給一人,總共

要分給十一個人？

原本預期只有十個人分十片蛋糕，但又新增一人也要分蛋糕，你需要再思考如何解決，而「切割」思維不只是解決其中一層的問題，還可以延伸至其他層次，為正確定義問題提供幫助。

過去筆者曾參加一場會針對「營收成長」的戰略會議，會議上環繞著相關單位的團隊成員，整個下午所有人都集中在「如何提升某主力商品銷量」的討論，與會者進行腦力激盪，重新將該主力商品的使用情境模擬一遍、重新檢視全通路銷售數量比較、該如何增加不同的線上渠道聲量，最後提出「一加一優惠組合」、「主力商品集點活動」、「購買主力商品加贈同圖中的〇〇〇」等方案，此時以「單一主力商品的銷量提升」為思考方向，就局限在以單一主力商品影響營收成長，其實背後所要面臨的風險更高（如果這些銷售方案都無法如預期獲得成果，甚至會嚴重影響

第三階段

獲利)。

當我們換一個層次「切割」問題,真正的目標是營收成長,我們先以營收高低的產品分類,分成營收高標、營收低標與其他中間值(例如每月銷售金額要破100萬元為高標,產品銷量低於10萬元則為低標,其餘從 100,001 到 999,999 元為中間值),你可能發現了前 20% 的商品主導過半的營收、中間 60% 至 70% 的商品量穩定持平、後 10% 的商品類別對於營收貢獻幾乎是零。

透過不同層次的「切割」,我們豁然開朗。以營收成長為最重要目標的前提之下,你不再只是局限於強化主力商品,而是透過這樣的「切割」分析形成「如何創造出更多主力商品」、「將行銷資源重新分配在主力商品與潛在名單」等策略,如此就能讓會議室的所有人重新定義「如何提升主力商品的銷量」,而非「該如何提升『某』主力商品的銷量」。

如何透過練習傳達價值

圖 3.2　營收成長的策略

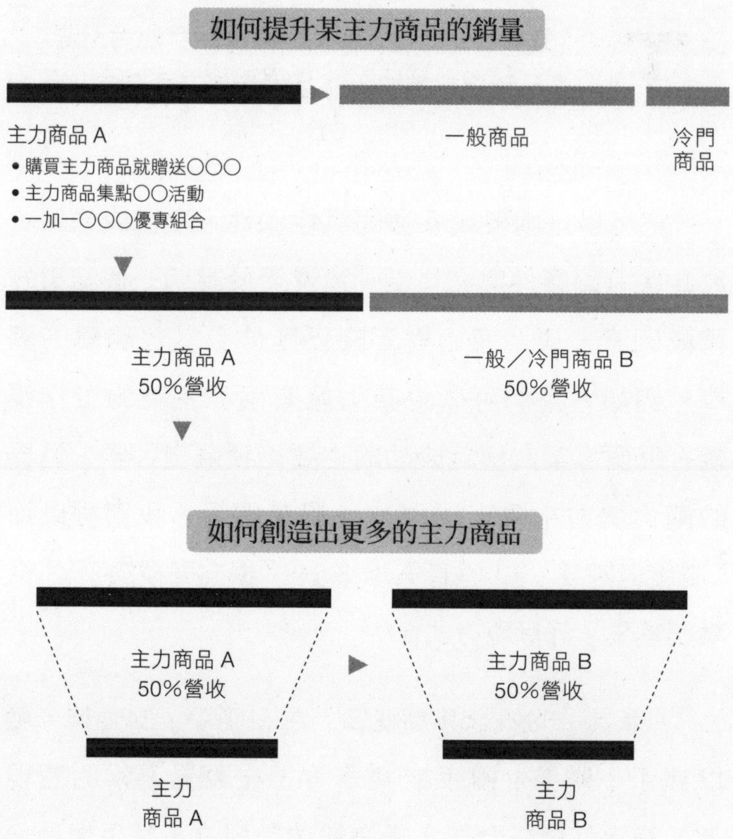

如何提升某主力商品的銷量

主力商品 A
- 購買主力商品就贈送○○○
- 主力商品集點○○活動
- 一加一○○○優專組合

主力商品 A
50%營收

一般商品　　冷門商品

一般／冷門商品 B
50%營收

如何創造出更多的主力商品

主力商品 A
50%營收
▶
主力商品 B
50%營收

主力商品 A　　　　主力商品 B

167

第三階段

第二個練習：兼具

> **T** 「兼具」，顧名思義就是兩種項目的相互關係、影響或效益，並且兩者都必須存在。

它可以是兩種或多種同質性物件、項目或領域，彼此保有關聯性與交集點，通常用於說明一個結果的構成因素，或是通過對等關係延伸到其他範疇的解釋。例如，我們可以說某人擁有兩種主要的工作技能、這個專案為何能成功的主要兩種關鍵因素、世界的兩大勢力主要市場與其影響範圍等，我們可以用「廣度與深度」、「垂直與水平」、「橫向與縱向」、「交集與差集」等呈現方式。

「兼具」的概念其實就像「左右雙手」的動作，可以握手、碰拳、攤手或共舉等，在視覺邏輯的體現上，握手就像是合作、碰拳就像是對立、攤手像是一

個天秤,都是呈現出兩者之間的相互關係,這也是「兼具」的應用概念。

▋ 一分為二或合而為一

《哈佛商業評論》文章〈造就業務高手〉(What Makes a Good Salesman)中曾提到,優秀的推銷員必須至少具備兩個基本特質,包含同理心和自我驅動。

- **同理心**:是一項重要的核心能力,也就是感知能力,代表能夠用換位思考的角度,對於客戶的反應感同身受與做出應對,進而獲得客戶重要的回饋,就能依據客戶的需求進行調整修正,最後完成銷售。
- **自我驅動**:這代表銷售成功的動力不僅來自於金錢,更源於一種使命感——完成交易以幫助客戶的強烈意願。此外,在銷售過程中,失敗的次數往往多於成功。然而,真正自我驅動的

第三階段

　　銷售人員不會被失敗擊垮，反而能將每次挫折轉化為未來成功的動力。

　　因此要成為一位優秀的銷售員，需要「兼具」對於自我的驅動力，以及對於其他人的感同深受，只要持續加強這樣的「心理素質」，相信銷售的成績絕對不會太差。同時不只是讓自己知道如何運用這樣的特質，如果團隊中有業績尚未有起色的銷售人員，透過這樣的說明方式也能讓對方獲得清晰的學習方向，這就是屬於一分而二的思考軸線。

　　過去有一個機會協助教授準備大學新鮮人與轉學生的面試，當時的我覺得能夠被教授選入系所的人選，也就是招募有潛力的設計師，一定都是從美術、設計或藝術相關科系背景，要不就是有豐富作品的人，當時覺得這應該是最重要的條件。

　　而在整天的面試結束後，我問教授對於錄取標準的看法，教授告訴我他們如何選擇一位有潛力的學生。

教授說:「考量的不只是基本能力,因為能力不夠可以靠學習補足,但背景、經歷與思維才是影響設計的關鍵,使用這樣的方式來檢視受試者的溝通能力與邏輯思維,來自不同領域的背景經驗,反而會成為勝出的關鍵。」

果不其然,結果讓我大吃一驚,超過一半以上的入選者,都來自於非美術、設計或藝術相關科系,有來自於心理學系、物理系、動物學系、資訊或資工系的轉學生,從原先的領域主動跨越到另一個領域的範圍,運用「兼具」的概念來解釋就是「設計與心理」、「設計與物理」、「設計與資訊」、「設計與資工」,並將兩者領域知識合而為一,自然而然就形成自己與其他單一專業領域的競爭差異性。

我相信很多人在找工作的時候,多半會發現自己理想中的工作類型與自己所讀的科系完全無關,發現自己不了解這個工作領域的相關知識與技能,因而覺

第三階段

得自己無法勝任，但如果透過不同領域的「兼具」概念來說明，反而就能跳脫出與其他人的差異所在。

無論是使用一分而二或合而為一，我們還能如何有效運用「兼具」的概念？

▋加乘個人特質與職能的優勢

首先，「兼具」就會有加乘效果的綜效，因此可利用前面章節所撰寫的技能樹，選擇兩個或兩個以上的技能關鍵字，來強化個人的獨特優勢。

例如透過行為觀察一位銷售人員的價值，我們發現這位銷售人員的外在性格是擅長與人熟絡，而內在思維則是對於人的觀察力敏銳，結合這兩種能力，就可以發現這位銷售人員透過觀察客戶的舉動與熟悉客戶的習慣之後，判斷選擇銷售最適合的產品給客戶，這樣的行為當然能提高客戶買單的機率，所以與其他的銷售人員一經比較高下立判。

如果過去你有跨領域或跨部門的經驗，幾乎都會具備兩種以上專業領域的基礎知識，例如你擁有對內部與技術人員的合作經驗以及對外客戶介紹銷售的溝通能力，能夠同時兼具「技術合作」與「銷售溝通」基礎經驗的工作者，自然就成為前期提高銷售效率與降低客戶疑慮的最佳人選。

▋ 探討兩者之間的關係變化

如果當我們已經知道自己所擁有的兩種價值，我們就可以嘗試將這樣的價值擴大，例如將 T 型能力再進化成為 π，或是兩種領域的交集範圍擴大（例如大學是讀多國語言的科系背景，研究所讀的是政治學，因此具備「語言與政治」的能力），如果再結合經濟相關領域的知識，就能形成對於語言、政治與經濟的掌握，這樣就形成兩個「兼具」的概念。

另外一種形式則是探討兩者之間的關聯性影響，

第三階段

最常見於國際情勢的地緣政治探討,過去我們看到中美兩國貿易戰、以巴衝突或烏俄戰爭與世界盟友的態勢,都是探討兩個主軸核心與中間所產生的勢力消長與版圖變化。

圖3.3 「兼具」的擴大

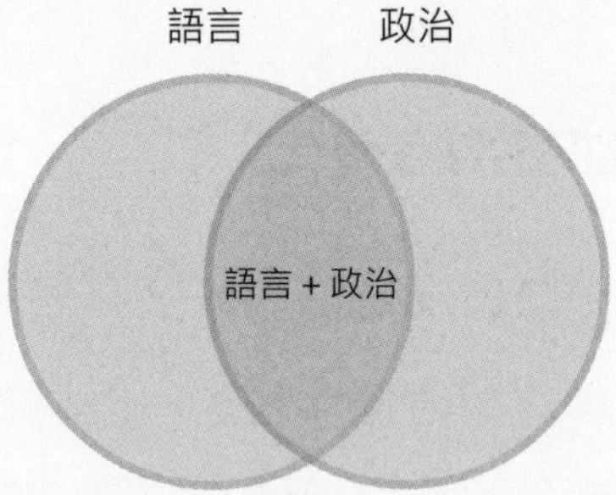

語言　政治

語言＋政治

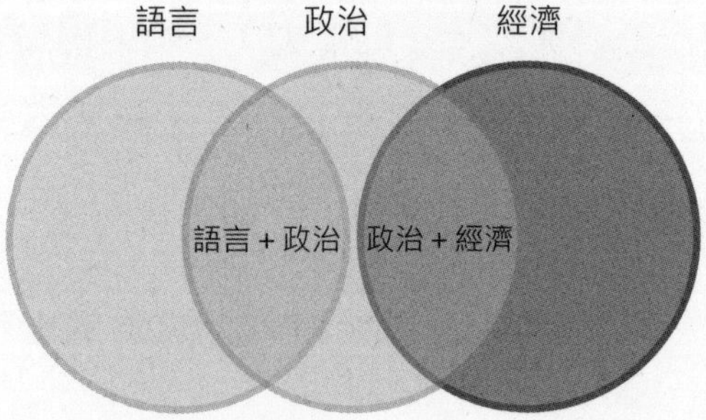

語言　政治　經濟

語言＋政治　政治＋經濟

無論是尋求投資人贊助、進行業務溝通還是共享利益，我們的目標都應著眼於長期的商業合作和穩定的營收能力。因此，我們需要思考如何深化與其他品牌或公司的合作關係。在這個過程中，重點在於明確雙方的角色定位、尋求互利共生的方式，並探索未來可能帶來的額外效益。這種思考模式正是「兼具」理念的實際應用。

第三個練習：推進

> 「推進」是一種「連續流程」或「階段方向」的狀態呈現，每一個階段步驟都有其意義與重要性。

「推進」是同時表現「過去、現在、未來」的階段，具有改變、演化、精進或推拉的意涵，通常使用「推進」的方式，重點在於流程、階段、順序的時間

第三階段

軸,尤其是說明工作歷程、專案階段、流程體驗或思維架構等,視覺意象可以形成一個由上而下的漏斗型、由左到右的隧道型或由前至後的箭頭型,以上都是設定一定的時間動態與順序為基準,來達成最終的目標。

「推進」的概念就像是空間的「動線指引」,想像我們初次進入一個新的空間,如何開始、向左或向右、現在要上樓或下樓,設計這樣的推進動線也是空間策展人重要的功課之一,如同舉辦跨年、廟會等大型特定活動,都會湧進大批人潮,因此設計流暢的路線導引,讓所有人都能順利朝著設計規劃的方向移動,這都是「推進」思維的延伸。

▌每一個步驟都是引路

消費者旅程(Customer Journey),根據行銷學之父菲利普・科特勒(Phillip Kotler)所提出的「5A 消

費者旅程」分析架構，因應網路連結時代所帶來的改變，在消費者了解品牌方面，當今消費者會積極和其他消費者產生連結，建立詢問和倡導關係（ask-and-advocate relationship），因此消費者旅程路徑應該包括認知（aware）、訴求（appeal）、詢問（ask）、行動（act）和倡導（advocate）五大階段。

消費者所經歷的每一個過程時間有長有短，但幾乎都是必經的思維過程，因應時代與科技的變化，因為競爭品牌、廣告投放機制和消費模式的改變，現今的消費者思維也一直在改變，因此也出現各種變化形式（AIDAS、AIJA、AICCA、AISAS等）。

無論是通路或數位行銷領域，經常使用「推進」當成行銷戰略形式的討論，目的在於探討整個流程中每一個步驟的優化，從最初顧客流量、顧客加入會員數比例、會員線上銷售的交易筆數與金額，中間每一個階段都有所謂的「轉換率」（CVR, conversion rate），Google Ads 描述轉換率為「單次廣告互動的平均轉換數，以百分比表示」（如果 1,000 次互動帶來了 50 次轉換，轉換率就是 50÷1000 = 5%），使用轉換追蹤來衡量轉換率，並據此制訂廣告決策（當然轉換率並非唯一指標，且會隨著系統演算有所改變）。

「推進」的核心在於各個階段或步驟的關鍵節點。採用「推進」思維，能夠使這些節點與時間形成緊密的關聯。

▎引導個人的學習歷程或成長曲線

每個人的經歷都是時間積累的結果。無論是個人能力的成長曲線、學習歷程的累積、歷史的演變，還是個人生涯的里程碑，都能形成一條獨特的發展軌跡。在這條軌跡上，我們可以設定重要的階段或節點，每個節點都具有其特定的關聯性和必要性。

個人成長價值的展現方式相當多元。有些人以跨

產業經驗為主軸,例如從科技業轉戰醫療業,展示如何優化流程提高效率。有些人則通過職務晉升來呈現能力的提升。還有人將每三至五年的工作經驗視為職涯進化的階段。

這些概念都可以用「推進」來說明。每一個過程都是一個契機,用於修正、增加、調整、取代、移除或反轉自身的技能與特質。同時,這也是一個承先啟後的過程,為創造未來新局面奠定基礎。

▌使用於說明工作進度的成果

所有行動都要能體現出成果,因此「推進」的應用就是說明行動上的結果。

以人力資源工作者為例,當你負責人力招募並需要展示項目成效時,就可以運用「推進」的概念。

在招募合適人選的過程中,通常會經歷四個主要

第三階段

階段：

- **第一個階段：**從人力網站、外部介紹或內部推薦，尋找到十位可能適合的初步人選。
- **第二個階段：**透過電話或郵件聯絡，安排願意面談的人前來參加，最後找到有意願面談的三位候選人。
- **第三個階段：**經過面談之後，確認有一位符合預期，並且談好相關條件之後，發出錄取通知。
- **第四個階段：**透過初步人選與錄取報到的數據，再回頭思考如何優化中間的效率。

透過實際招募經驗，我們可以發現各階段大約呈現 10：3：1 的比例（儘管並非每次招募都一定遵循此比例）。累積多次經驗後，這個量化比例便逐漸形成。利用這一比例，我們可以設定「推進」的目標，並檢視優化順序，以提升招募效率。這正是「推進」的實際應用。

圖 3.4 「推進」的應用

來源 → 適合人選 | 面談意願 | 錄取通知

來源 →

來源 →

階段優化

第四個練習：公式

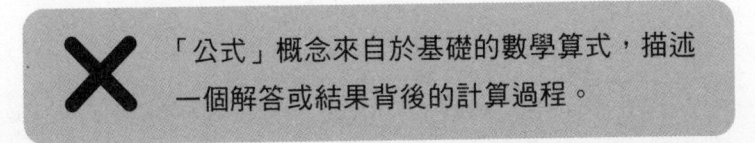

> ✗ 「公式」概念來自於基礎的數學算式，描述一個解答或結果背後的計算過程。

公式如同百分比，所有人對於數字所定義的標準都有相同的認知，我們所定義的 20％ 與其他人聽到的

20％相同（分母標準相同），當你列出「9=3+3+3」或「10+30+60=100」，不會有人去挑戰這樣的計算是否有誤，透過「公式」思考架構的好處，就是能讓所有人快速掌握數字之間的關聯性。

「公式」的思維與呈現模式，只要能使用「加、減、乘、除」的對應關係，都包含在內，通常有以下幾種常見的表現方式——

$$□ × □ × □ = □$$
$$□ + □ + □ = □$$
$$□ + □ > □$$
$$□ = □ = □$$
$$□ - □ = □$$
$$□ + □ / □ = □$$

■ 化繁為簡的黃金公式

「一加一大於二」的協同思維（synergy），能運用

這種「公式」的呈現範疇非常多元，例如廣告中食品營養的綜合價值、購物銷售振興措施、社會經濟通膨影響、商業職場領域經歷、團隊合作的化學效應等，都能使用這樣的思維架構。

波士頓顧問集團的西爾萬‧杜蘭頓（Sylvain Duranton），於 TED 演講中提到關於如何運用「人類與 AI」來建構商業的未來，他倡導一種「人類＋ AI」的思維方式，也就是透過 AI 與人類共同合作解決問題的方式，而不是單獨只想靠 AI 技術解決所有問題與提出方案，而要達成這項成就，其中有一個祕密公式「10 ％ 程式（algorithms）＋ 20 ％ 科技（technology）＋ 70％人類和進程（people & processes）」，可以讓彼此搭配的結果趨向完美。

透過「公式」的呈現，可以讓講者與聽者擁有一致的認知感受，我們甚至透過公式數字之間的調整，削減人類進程的比例，讓程式與科技擁有更多的判斷

第三階段

意識,就能讓所有人了解權衡改變之後的問題,這就是運用公式的說明方式。

在電商領域中,有一個被廣泛使用的「電商公式」。這個公式由三個基礎指標構成:流量、轉換率和客單價。通過觀察這些指標,我們可以拆解營業額的構成因素,從而了解優化的方向及各因素間的關聯性。

$$流量 \times 轉換率 \times 客單價 = 營業額$$

- **營業額**:代表某個時間單位內的營收,可以從每日、週、月、季或年來調整觀察其變化性。
- **流量**:包含在某個時間範圍內有多少顧客進入網站的量能,如一天之內一家實體門市的進店總人數。
- **轉換率**:代表有購買記錄的客群數量,因為顧客有可能進入網站只是逛逛而不購買、有些顧客則真實放入購物車而產生訂單等的區別。

- **客單價**：就是顧客所購買的平均金額或金額區間，這攸關網站產品價格帶和商品屬性而有所差異。

商業提案的手法也常見於公式的運用，透過制式的公式結構，利用「目標」來調整「預算」與「行動」，彼此之間都有關聯，就如同數據分析，改動一個變數，就有可能產生完全不同的結果。

使用上述的電商公式來說明，假設現有營業額為 10 萬元（10,000 人 × 1% × 1,000 元），這是目前的狀態。然而，當目標營業額需提升一成至 11 萬元時，可以回推公式，並通過改變其中的變數達成目標。以下是幾種解決方案：

- 改變流量：11 萬元 = 11,000 人 × 1% × 1,000 元
- 改變轉換率：11 萬元 = 10,000 人 × 1.1% × 1,000 元
- 改變客單價：11 萬元 = 10,000 人 × 1% × 1,100 元

第三階段

圖 3.5 營業額的「公式」應用

流量	x	轉換率	x	客單價	=	營業額
10,000人		1%		1,000元		100,000元

▼ +10%

11,000人	1%	1,000元	110,000元
10,000人	**1.1%**	1,000元	110,000元
10,000人	1%	**1,100元**	110,000元

　　因此接下來我們可以針對公式中的數值分別進行拆解至解決方法的主題。如何讓流量從 10,000 人增加至 11,000 人？如何讓轉換率從 1% 增加至 1.1%？如何讓客單價從 1,000 元增加至 1,100 元？

　　運用「公式」能將複雜的關係簡化呈現。加、減、乘、除是深植於人腦中的基礎運算，因此藉由探討公式中的變數，我們可以著手思考接下來的行動。

▋ 提升目標達成的加法或乘法效益

我們想要展現過去所達成的里程碑，包含已達成一個目標或希望達成某一個目標的條件，都可以使用「公式」，例如專案成功的要素、公司經營的核心思維或治理方向，或是運用以終為始的思考點，將成果與過去積累的過程整合而成。

如果是要向大眾說明一個更複雜的議題，像是如何創辦一間成功的企業或公司，必要的元素可能有「客戶」、「產品」、「通路」等三項左右營收的結果，就可以使用加乘的方式，讓三者之間都有交互影響的效益，每個元素都需要進步與優化，還包含元素與元素之間的影響效應，以上都是可以由「公式」的概念來呈現。

▋ 降低結果條件的減法與變因除法

多數的「公式」思維，除了相加或相乘的效應之

第三階段

外,也可以用來說明內在成因與影響的變數。

例如我們思考某一個特定問題的解答,中間會有相當多的變數,因此可以透過減法的公式,去找出受到哪些的變數影響,如同程式除錯的概念,每一個變因條件的減少都能對結果產生正面的影響,這也是減法的運用方式。

除法所使用的分母與分子,則是可以用來呈現比例或範圍的變因,例如說明市占率的運算基礎,讓對方能夠很清晰地專注在特定的變因,並且針對這樣的變因進行思考與討論,以上這些都是可以運用的形式。

第五個練習:堅固

> △ 「堅固」使用於說明一個穩定且平衡的狀態、現況或需要滿足某些條件的目標。

使用「堅固」來呈現的內容,通常都具有彼此制衡、交互合作與影響的共存性。應用範圍涵蓋公司組織架構圖、論點的邏輯化思維、結論與證據的關聯表達等。例如文氏圖(Venn Diagram)、金字塔原理等,都是常見的呈現方式。

使用「堅固」的關鍵,可以想像空間中的「三個端點」。這種概念常見於視覺呈現中,通常以平面或立體的三角形式出現。無論是三個角、三個邊,還是延伸為三個圓,都能創造視覺上的平衡感。這正是三點結構能夠給人堅固印象的原因。

▌用來組建一個完整體系

許多知名商業思想家經常使用「堅固」來呈現他們的概念,包含《無限賽局》(The Infinite Game)作者賽門・西奈克(Simon Sinek)、IDEO執行長提姆・布朗(Tim Brown)、《從A到A+》(Good to

第三階段

Great）作者詹姆‧柯林斯（Jim Collins）。

西奈克在 TED 演講「偉大的領袖如何激勵行動」中提出了黃金圈理論（The Golden Circle）。這個理論呈現出一種漸進式的階段與順序。無論是銷售或行銷策略，都可以應用這個完整結構來進行練習。

在解釋黃金圈概念時，西奈克以某些品牌電腦的行銷訊息為例。他指出，由於行銷訴求的順序不同，消費者會建立截然不同的購買認知路徑。

一般品牌電腦的行銷訊息順序，是從什麼（what）開始，然後再講如何（how）。

- **什麼**：我們出產出色的電腦。
- **如何**：它們設計精美，且方便使用者操作。

而當時的蘋果電腦與其他電腦的行銷訊息差異，卻是從為什麼（why）開始，然後如何做（how），最後是什麼（what）。

- **為什麼**：我們所做的一切,都是秉持著挑戰現狀的信念。我們相信我們必須跳脫框架去思考。
- **如何**：我們挑戰現狀的方式是藉由設計出精美的產品且易於使用。
- **什麼**：我們碰巧製作出很棒的電腦。

知名的設計公司IDEO執行長提姆‧布朗提出「設計思考」,因為設計是一種思維,意味著要敢於暢想各種瘋狂的點子,花時間做模型測試,還要有盡早失敗、經常失敗的勇氣,因此具備三個核心活動:

- 創想（ideation）
- 啟發（inspiration）
- 落實（implementation）

《從A到A+》作者詹姆‧柯林斯提出到所謂的刺蝟原則,他認為「從優秀到卓越」的公司與一般公司在基本策略上有三個方面的差異:

第三階段

- 你們在哪些方面能達到世界頂尖水準？
- 你們的經濟引擎主要靠什麼來驅動？
- 你們對什麼事業充滿熱情？

值得注意的是，能讓公司達到世界頂尖水準的領域，往往不是你們當前投入發展的領域。卓越公司懂得如何有效獲取充足的現金和高利潤，並且持續維持良好的營運績效。同時，他們會專注於能夠激發團隊熱情的事業。

台灣首位米其林主廚，兩度獲《時代》雜誌讚譽為「印度洋上最偉大的廚師」的江振誠於其著作《生活美學》一書中，談到如何打造一個運作良好的團隊，就好比轉動流暢、跑速飛快的引擎，而一具引擎一定有三種不同功能的零件，才能讓引擎順利轉動。

- **螺絲**：將每個零件固定在正確位置上，如同忠實的執行者，擁有非常穩定的執行能力。
- **齒輪**：帶動馬達運轉的功能，這類人喜歡新奇

事物,是組織中的創新者。
- **潤滑劑:**讓各個零件都能彼此滑順運作,則是組織的協調者,帶動所有人燃起動力,繼續往前。

市場上「堅固」的呈現案例相當多元,因此當我們想要描述一個穩定的狀態或想達成的結果,都可以使用「堅固」的方式。

▋用於解釋物件的結構組成

當我們想要解釋一個完整的概念、一種特定的思維或一個正在發生的現象時,可以將其來源歸納出關鍵要素,並利用「堅固」來建立完整的結構。

運用於說明公司營運發展的概念,從「研發」、「製造」到「銷售」,每一個環節都有相應的戰略。專注於這三個領域,就是營運優化的關鍵條件。又或者,完成一份簡報的三個重要環節:「架構」、「脈絡」與「呈現」。抑或是在進行關於執行力的討論時,

第三階段

「品質」、「效率」與「成本」等,都是運用堅固方法的例子。

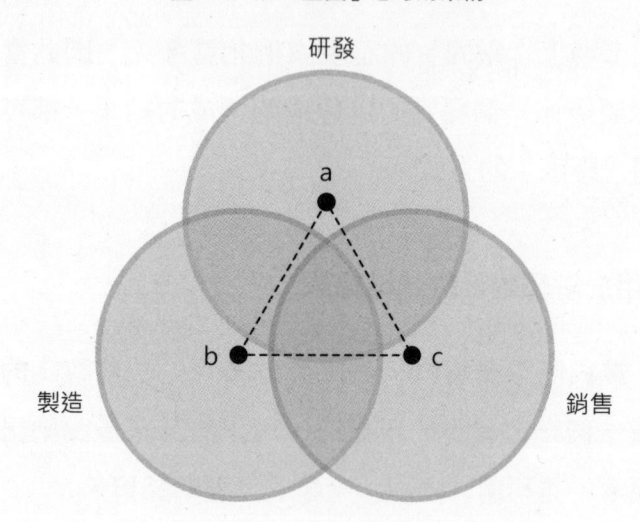

圖 3.6 以「堅固」思考的架構

魏、蜀、吳三國鼎立時代,可以運用堅固的形式探討彼此之間的關係與未來的版圖牽動,如果其中兩個國家打起來,另一個國家就會坐收漁翁之利,或是如何運用連結的方式突破這樣的困境或局勢,也都可以使用「堅固」的呈現來說明。

第六個練習：區隔

> ╋ 「區隔」是針對某些主題的變數進行分類，探討「區隔」後的整體分布，以及物件與物件之間的改變方向性。

針對特定變數或維度進行「區隔」，而使用「區隔」最重要的目的，是讓所有人都能一目瞭然整體的布局與狀態，藉此分析整體的變化與未來的可能性，知覺圖（perceptual maps）或方格圖（impact grid），都是市場上蠻常見的「區隔」手法。

如何應用「區隔」，概念如同在室內裝修時使用的雷射水平儀（可在牆面打上垂直線、水平線與十字線的工具），可在一個空間的牆面精準地呈現出垂直與水平線，功能可用於量測、裝潢或驗屋使用，而我們可以用這樣的意象進行轉換，當我們面對一個情境或問題，可以嘗試先將十字線投放到一個空白版面上，將最重要幾

第三階段

個會影響結果的變因填上 X 軸和 Y 軸,就可以快速「區隔」出分類,並針對每個分類進行細節討論。

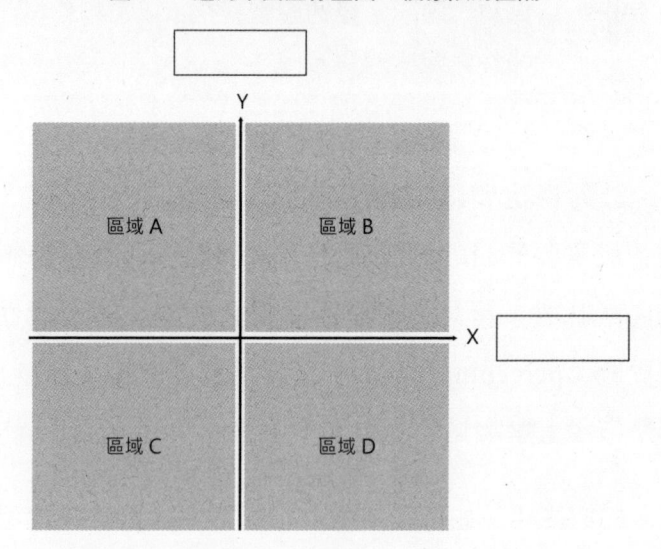

圖 3.7　運用平面座標畫出 4 個象限的區隔

	Y	
區域 A		區域 B
區域 C		區域 D

X

▌ 區隔核心在於維度

在使用「區隔」呈現資訊時,最重要的關鍵在於選擇哪些變數來定義方向,也就是定義你的 X 軸與 Y

軸。通常可以選擇的變數幾乎都有正反兩種面向，例如長或短、高或低、做或不做、要或不要、能或不能等。透過設定 X 軸與 Y 軸所組成的「排列組合」，再與假設結論相呼應。

《思考圖譜：職場商場致勝祕笈》包含許多與實際商業情況相符的案例。書中從企業內部的產品發展到業務成長指標，透過 X 軸與 Y 軸的變數定義，可以清楚了解結果的變化，並讓讀者能夠通過這種結構進行溝通。這其中蘊含了大量的思維啟發、定見與判斷。以下是相關案例：

- 探討產品的「生命週期長短」與「開發週期長短」，探討產品與市場的關聯性。
- 針對業務的成長策略，運用「市場／客戶」與「產品／技術」的新舊做分類，確保業務成長的機率高低，提升市場不同客戶的策略調整。
- 針對 CP 值產品市場定位，利用「價格」高低與

第三階段

「品質」高低為基礎,可進行完整產品定位與注入資源的百分比。
- 針對已在市場上的產品進行判斷,以「市占率」與「成長率」作為明星產品與一般產品之間的區隔。

無論是艾森豪矩陣(The Eisenhower Matrix),或是史蒂芬・柯維(Stephen R. Covey)的《與成功有約:高效能人士的七個習慣》,共同的基礎概念就是,針對每日的工作項目或任務,以「重要」與「緊急」來當成「區隔」的變數依據,區分出「重要且緊急」、「重要且不緊急」、「不重要但緊急」、「不重要也不緊急」這四個象限——

- **重要且緊急**:必要優先或立刻處理的項目。
- **重要且不緊急**:需要切出時間或決定何時處理的項目。
- **不重要但緊急**:即時要處理或可以交付他人處

理的項目。

- **不重要也不緊急**：空檔、之後再做或根本不需處理的項目。

當我們理解各區域的意義之後，針對分類後的「區隔」範圍，就可以依序將手上的工作項目放入各區域，就能一目瞭然的看到所有工作項目的重要程度與優先順序。

關於「區隔」的運用方式，我印象最深刻的是雲朗觀光集團總經理盛治仁先生，在「20堂傳承給中階主管的職涯智慧」的線上課程中，所說明的實際案例。

他的辦公室對外有一扇窗，金屬十字窗框剛好將窗戶區分成四格。這四格象限分別用來記錄工作是否重要與是否緊急。他會依序將工作項目填寫在各個象限中，並針對每一個區塊的工作項目制定不同的處理方法。

第三階段

例如,緊急但不重要的項目要盡快完成,並從清單中劃掉,這才是最重要的目的。他也會用不同顏色的馬克筆記錄重要但不緊急的項目,提醒自己在工作一段時間後,看一下窗戶上的工作項目。這些項目會即時出現在眼前,提醒自己過去一週有沒有推動這些重要但不緊急的事,或是這些績效有沒有呈現出來。這也是一種強迫自己關注未來布局的方法。

為何市場上常會使用「區隔」的呈現,因為它是少數能夠同時掌握大方向與觀察小細節的呈現方式,甚至可以用來驗證某些假設。

▌可用來說明市場趨勢的布局

通常在進行市場調查分析之前,我們會先研究市場發展趨勢、競品布局或消費者購買行為,藉由定義出最關鍵的幾個市場變數來盤整布局。

例如,藉由數據得出消費者購買產品最重視的是

「價格」與「到貨時間」，因此我們將這兩項定義為比較基準，再將市場上競爭者標示出來，藉此看出對於消費者而言，市場上目前能夠有機會勝出的對象是誰。

關於整體布局，我們還可以探討技術研發的預算與實際營收的占比關係、觀察現在市場上所有競品的角色與定位，並且輔以市占率與營收的預估，模擬出未來的發展方向，當你能夠持續運用這樣的呈現方式，就間接代表拓展出更廣泛的層次。

▍解釋變數之間或狀態假設的關聯

「區隔」後的各個位置，都會有相對應的特性，且每一個區域都具有變動的可能性，尤其當我們面對假設性的問題或變數之間的關聯時，例如員工的「熱情」與「專業」是否影響著「產出成效」的假設，我們可以快速歸類出其特質狀態來進行討論。

當你檢視自己每日的工作時間與執行項目，可以

第三階段

確認時間運用的效率值，再者我們可以將工作分成「所需時間長短」與「成果產出影響」進行評估，透過「區隔」呈現之後，我們就清楚地了解需要篩選出產出影響大的區域，藉由分類持續新增更多的項目在這一塊區域，不定時移除產出影響小的工作項目，或因某個區域的項目超過負荷，因此挪移至其他區域內，甚至透過這樣的檢視與省思，全盤重新來過都有可能，以上都是運用「區隔」的優勢。

第七個練習：對應

> 「對應」則是集結兩個或兩個以上的物件，但專注的是彼此之間的差異感。

差異感的呈現，通常是具有強烈對比性的議題（可一分為二）、一個議題之下的多種正反方意見，通常顯示出完全對立狀態或一體兩面的方式，其視覺特

性包含比較、交換、合作或對立等,無論是競爭品牌的比較、雙方生意的利益交換、未來雙方合作的效益、執行廠商的優劣選擇、系統或商品功能並列等,都可以運用「對應」的模式。

「對應」著重差異,而這個差異是立即可見的,最佳方式就是對於每一個物件都保持「逆向思維」（Reverse Thinking）,也就是加入從相反的角度與方向,常見的視覺表現手法,例如「優勢／劣勢」（pros / cons）、「挑戰／機會」（challenge / opportunity）、「之前／之後」的比較（before / after）。

▌物件之間對應的差異感

「對應」所能探討的物件與概念相當多元,從思維、信仰、價值觀、功能、造型、顏色、材質、行為、環境、空間或體驗等,而且「對應」是可以看到立即成效的呈現手段。

第三階段

過去我們最常見的案例，通常是藉由過去與未來的比較，呈現出為何要改變的訴求，蘋果公司〈Get a Mac〉廣告中，「I'm a Mac and I'm a PC」，藉由兩個人的談話、穿著、風格與所抱持的理念，間接對比出 MAC 與 PC 的差別、由可口可樂和百事可樂的可樂戰爭（The Cola wars），透過對手的顯著存在，打造對於自家可樂的行為與信仰，其實都是藉由「對應」來突顯背後的目的。

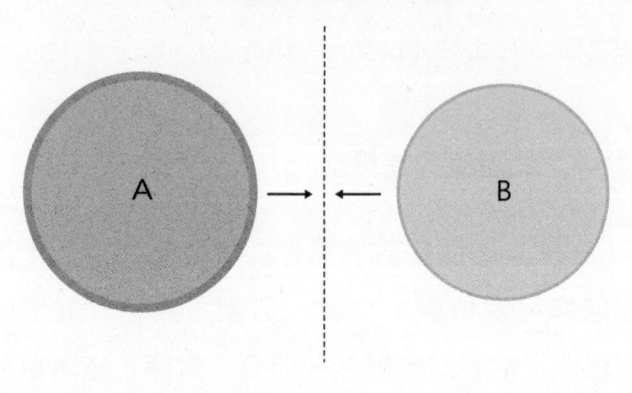

圖 3.8　透過「對應」呈現差異

《解決問題的商業框架圖鑑》一書中，談到從「對

應」思維所展現出的呈現型態：

- 將理想狀況與現況落差視覺化方式，運用現況（as is）與目標（to be）的比較，這其中的落差就是「問題」，解決問題的第一步就是比較理想與現況。
- 掌握己方有能力改變的事物，展現「可控制」與「不可控制」的變數，有效地釐清問題並進行討論。

透過以上的案例，分析差距與提出行動方向，這是在企業內部常用的表達方式之一，也能間接展示出一個問題或一件事物的「起點」與「終點」，這是讓所有人都能清楚理解整體輪廓，並表達強烈感受到其差異。

除此之外，「對應」也是最容易產生故事的表達方式之一。

其中一個令我印象深刻的絕對是美國前副總統艾

第三階段

爾‧高爾（Al Gore）在 2006 年發表的記錄片《不願面對的真相》（An Inconvenient Truth），講解關於全球暖化現象與預期可能會發生的後果，裡面的敘述基本上都是使用「對應」的呈現方式。

- 「史上氣溫最高的十個年份，全部都發生在近十四年，而 2005 年是氣溫最高的一年」
- 「這是三十多年前的吉力馬札羅山（Mt. Kilimanjaro），而這是去年的照片，十年內吉力馬札羅山的雪將消失」
- 「北極洲的冰圈快速融化，如果完全融化，全世界的海平面將上升二十英呎」

利用衛星圖片模擬當海平面上升後，世界上各個國家陸地內縮的變化，利用模擬現在與未來可能的情境，讓所有人感受到周遭環境的變化，這就是「對應」之下的故事。

因此，當我們要特別強調某些重點，或是在多個

選項中挑選最佳方案時,『對應』都是很好的思維架構與呈現手法。

▌能夠表現出特定重點感受

　　廣告中的商品或服務,總是將「使用前／使用後」、「擁有前／擁有後」、「有效／無效」的對比差異,盡可能地讓消費者感受到擁有商品的美好,例如房屋銷售的廣告,總是會呈現一家人在家中歡樂的時光或散步在住家旁的林蔭之中,因為這是購買一間房子之後,預期的生活想像。

　　清潔類商品總是運用實際使用的畫面,快速呈現前後的差異,讓消費者清楚明白如何解決你的問題與呈現出乾淨的美好、室內裝潢或家具廠商總是會模擬未來的居家室內裝潢風格,運用真實的家具擺設讓你置身其中。

第三階段

▋ 展現出競爭之下的勝利基礎

商業就是一個競爭的市場,從競品的品牌、營收、優缺點比較,新上市商品的風險與營收評估、從人才的選擇,兩個候選人的優劣勢進行評選,都是應用「對應」的最佳方式,而這中間所產生的「空間」就是價值所在。

例如我們接手一個困難的任務,過去沒有人能達成,但因為有自身的特質、努力與運氣,真的讓這個任務完成,就可以運用對應去展現出自己的價值,或是因為自己著手優化某個流程的效率,讓中間的人力與產品可以降低多少成本,因此要展現出價值,增加另一個比較基準就好,這都是對應的最佳呈現手法。

第八個練習：框架

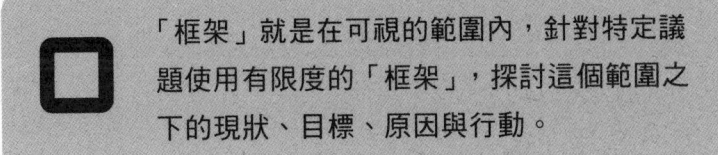

> ■ 「框架」就是在可視的範圍內，針對特定議題使用有限度的「框架」，探討這個範圍之下的現狀、目標、原因與行動。

因為需要專注於特定主題或目標設定、某個市場或標的物，「框架」適用於個人的考試目標、每日練習進度、年度計畫到人生規劃藍圖等，運用在商業相關的則包含競品分析、年度商業策略與營收創新模式等，包含全局圖、矩陣圖、九宮格或股票漲跌的熱力圖（根據價格變動或交易量變化的動態展示方式）等，都是應用「框架」的常見方式。

運用「框架」就如同繪製一張「地圖」，除了讓所有人都能專注在這張地圖，並且在地圖內進行搜尋、辨識與方向確認外，還能透過地圖中的座標位置確認行動的位置與路徑方向，因此當我們要使用「框架」

第三階段

的概念,務必確保所要討論的元素都包含於內。

▋ 鎖住彼此認知的範圍

市場上常見的「框架」結構應用,例如《獲利世代》(*Business Model Generation*)的商業模式圖(BMC, business model canvas),目的是梳理其運作邏輯,只要滿足這九個元素的內容組成,就能形成一個基本的商業模式架構:

- 目標客層(customer segments, CS)
- 價值主張(value propositions, VP)
- 通路(channels, CH)
- 顧客關係(customer relationships, CR)
- 收益流(revenue streams, RS)
- 關鍵資源(key resources, KR)
- 關鍵活動(key activities, KA)
- 關鍵合作夥伴(key partnership, KP)

- 成本結構（cost structure, CS）

因此要完成一份商業模式圖，就是建構「框架」內的這九種內容，商業模式的相關討論都集中這樣的範圍，除了讓所有人能一目瞭然之外，還能針對個別內容的關聯進行討論與方向調整，這就是「框架」的應用。

曼陀羅圖協會的代表理事松村剛志先生，曾談到為了反映大谷翔平的健康管理，利用曼陀羅圖（Mandala）的「框架」，來表達大谷翔平為維持健康所採取的行動，目標是能積極與持續參與棒球運動，因此設定的中心目標是「健康」，透過達成「健康」這一個目標，再定義其它八個環節，向目標邁進。

圖 3.9　以曼陀羅圖「框架」管理健康

睡眠管理	適當的營養	復健／伸展運動
保持心理健康	健康	定期就醫／檢查
適當的培訓	休息	傷害預防

第三階段

　　所以當我們有一項目標,針對目標填寫完成九宮格的內容(也就是當基礎的「框架」中心定義完成之後),再來就是階段性區域與走勢方向的變化,例如塊狀版圖的大小比例、框架內的方向等。

　　使用「框架」思維的好處,除了讓人專注在可視的範圍之內,較不會受到其它外在的影響因素干擾外,還能夠思考後續的動作。

▌達成特定計畫條件的模式

　　當我們制定特定目標計畫時,最適合的方式是使用「框架」。這適用於每個人在不同階段所需學習或達成的目標。首先,將計畫所需達成的可能條件放入「框架」中,再針對這些條件進行細部優化,如考慮執行順序、重要性與優先順序等。

　　舉例來說,若你今年的目標是取得英文檢定考試的金色證書,可將「框架」中心設定為目標分數。要

達成這個分數,需要突破的條件包括單字量、文法、閱讀理解、寫作能力、口語表達和考試技巧等。這種方法能幫助你快速掌握整體行動方向。

在追求目標的過程中,你可能會受到環境或他人的影響,例如突然覺得學習日文也很重要。但這可能會使你偏離原定目標。運用「框架」思維可以幫助你聚焦:在取得英文檢定金色證書之前,其他目標都不應列為最優先事項。這種思考模式能確保你專注於當前最重要的目標。

▌年度工作目標與執行計畫說明

框架能夠限制其他人在特定範圍內進行討論,這種思考模式尤其適合於內部會議或向上溝通。

一個工作目標的達成,一定會有很多不同的執行路徑,確保在時間與人力的限制之下達成最好的執行成果,運用「框架」就是將最重要的目標定義好,將

目標作為主軸核心,向上形成與高層決策者的認知溝通基礎,向下則是將所屬的工作細項目分配給負責同仁,透過框架的呈現方式,能讓團隊的所有利害關係人,都很清楚知道自己在這個工作目標的角色,並且不脫離整體的目標範圍。

第九個練習:迴圈

> ○ 「迴圈」代表元素之間都是環環相扣,帶有一定的因果關係,並且藉由來回循環擴大所產生的結果。

使用「迴圈」的呈現方式,常見於重複性的行動、能夠執行優化的動作或引導物件持續流動的方式,視覺呈現多為一個完整的形狀,並且能形成一個封閉式的範圍,常見的方式如環路圖(CLD, causal loop diagram)等。

「迴圈」的概念如同「跑馬拉松」，都是從一個起點出發，一路上持續達到公里數的里程碑，直到跑回終點（也就是原來的起點），並且透過每一場馬拉松的練習，讓跑者持續進步甚至破個人記錄，儘管「迴圈」的過程有快有慢，但每一個「迴圈」都是累積的過程，而重複多次的練習，就可以造就出經驗並優化階段的過程。

重複行動的力量

莫頓・韓森（Morten T. Hansen）於《高績效心智》（*Great at Work*），提到關於學習迴圈的四個基本步驟，分別是「衡量」、「回饋」、「修正」、「做／重做」，並且認為要在工作上有過人的表現，最有效的方法是透過學習迴圈不斷精進，建立起學習迴圈，最重要的是每次練習的品質是否有提升，這一次是否比上一次更好，而非著眼於花了多少時間反覆練習。

第三階段

　　企管大師詹姆・柯林斯（Jim Collins）的飛輪效應（flywheel effect），所仰賴的不是一次決定性的行動、一項宏大的計畫或單單一個殺手級的創新應用，反而像是推動一個巨大、沉重的飛輪。每當你做了一連串正確的決定，並且精準有效地執行計畫，即是為飛輪累積動能，加乘每一圈的轉動績效，這就是創造卓越的不二法門。

　　飛輪效應的推動過程：

1. 遵照刺蝟原則，向前邁進
2. 累積看得見的實際績效
3. 績效激勵人心促成團結
4. 飛輪逐漸累積動能

　　除此之外，PDCA（Plan-Do-Check-Act）循環也是典型的「迴圈」模式呈現，能夠使用於專案、開發、戰術或計畫，最終目標在於每一次的循環之後，都能提升更有效率的執行能力與經驗，從第一次的

「計畫」,到開始「執行」,以及之後的「檢查」,依據實際的結果來進行調整的「行動」,然後再第二次的計畫、執行、檢查與行動,再第三次重複運作,就會形成迴圈。

因此當我們開始建構出迴圈的節點,並且在重複繞行的過程中,迴圈中的每個階段、區域與連結點之間都有其優化的可能性,而進階優化迴圈的形式,包含延伸擴大某個階段的量能、在階段與階段之間延伸出新的階段、移除某個階段或轉換新的方向等。

▌商業市場的運行模式

自然界,就是一個遵循迴圈所形成的平衡規則。從陽光與雨水開始,提供給土壤中的植物生長的條件,植物的生長維繫著草食動物的生存,草食動物又受到肉食動物的獵捕,而肉食動物的排泄物或屍體會回歸成為土壤與植物的養分,而這樣的運行就形成自

第三階段

然界的迴圈。

　　商業市場與自然界有著異曲同工之妙的相似之處，某個產業的發展會帶動上、中、下游的廠商供應鏈，產業的市場競爭經過一段時間的演變，終會形成一個平衡的市占率（通常市占率第一的都超過五成，第二名大約是第一名的一半，剩下的就由其他的競爭者瓜分）。

　　生產與銷售的行為，因為市場需求的改變，也會連帶影響著產線與行銷方式的轉變，而這樣的運行也會形成一個模式。

　　2010年由格萊珉鄉村銀行（Grameen Bank）與UNIQLO在孟加拉所共同創立的Grameen UNIQLO，除了在地生產所有產品之外，並將利潤重新投資至相關業務，將出售慈善衣物的收入捐贈給貧困人口，整體從生產製造、銷售物流至社會公益都串結在商業模式中，形成一個專屬地區性的商業迴圈，而以產品設

計為初始源頭，靠著利潤再投資實現能夠在孟加拉當地提供高品質且可負擔的價格。

1. 產品設計（Product design）
2. 原料（Sourcing）
3. 在地生產（Local Production）
4. 通路（Retail）
5. 消費者體驗（Customer's experience）
6. 利潤再投資（Reinvestment of profit）

透過這樣的運行模式，讓所有的利害關係人一覽無遺，我們能檢視每個流程中的角色與所帶來的影響，而每一個步驟如同鎖鏈的接點，如果原料端短缺，在地生產方就會有產能問題，當產能問題發生時就會影響通路的進貨量能，進而影響到消費者的感受（例如受到廣告吸引，進來門市想購買時卻缺貨）。

近藤哲朗在《圖解商業模式 2.0》（ビジネスモデル 2.0 図鑑）有非常多有趣的案例，商業模式其中一個

第三階段

核心,就是獲利的「金流」,而金流就是整個商業模式的「迴圈」元素,因為有金流的運行,讓整個模式有其存在的必要性,甚至是能活化整個產業的「迴圈」。

因此「迴圈」的形成,除了需要經過一段時間的運行,定義出每一個階段,還能將所淬煉的成果持續提升或放大,所以當你想要使用這樣的概念,可以用來說明階段過程中所產生的經歷價值,以及未來的可塑性,包括了兩種價值的方向,就是自主學習歷程的成效,以及商品、服務的啟動成長。

▌關於自主學習歷程的成效

為何我們需要學習,因為透過持續學習能夠積累更好的自己,針對自己所設定的目標路徑,從當初為何會開始、中間經歷哪些困難與挑戰、學習得到的成果後續的應用、以及未來再學習的方向為何,就足以形成一個「迴圈」的條件。

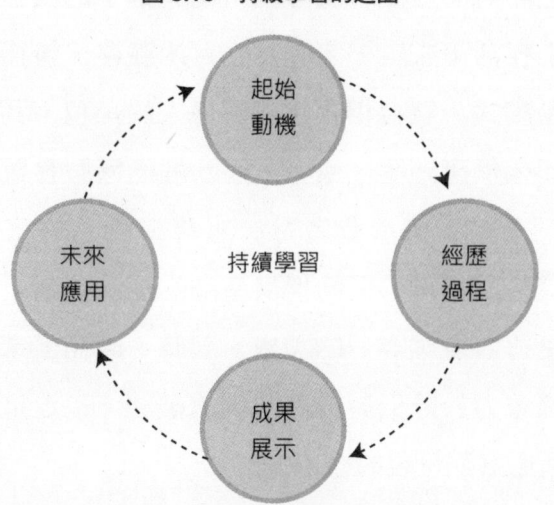

圖 3.10　持續學習的迴圈

起始動機 → 經歷過程 → 成果展示 → 未來應用 →（持續學習）

　　為了要考取特定科系或進入相關領域，我們必須更了解關於這個科系或領域的相關知識，我們會從哪些管道去增進相關知識，而努力的過程就能證明其學習思考的邏輯脈絡。

▋ 商品或服務的啟動與成長模式

　　市場上幾乎所有商品與服務，都在創造市場與消

費者之間的甜蜜點,或尋找市場夾縫中的商機。能在市場上存活下來,一定有其生存的脈絡,包括現金流的流動模式、整合相關利害關係人的角色,共同打造經濟圈或供應鏈等。或者,因為經歷過服務數千名客戶的洞見,了解消費者對於服務或商品的第一手消息,這些洞見可以反向提供產品的開發建議,使產品開發更符合產業客戶的需求。同時,產品生產的每個環節都致力於降低對自然環境的破壞。以上這些模式都是運用迴圈呈現的應用。

第四階段

你要如何達到目標

第四階段

這一章是這場價值旅程的尾聲,同時也是另一個旅程的開始。

我們經過一趟從重新尋找、建立與呈現的價值旅程之中,我們會發現離夢想中的自己或想達成的目標尚有一段「距離」,但我想表達的是能夠清楚地感受到這個距離,其實是一件很令人開心的事情,因為唯有發現距離,就有向前的路徑,走到了這一個目標的終點,就成為下一個前進的起點,這也是「思維造就行動」的概念。

無論你走在這個過程的哪一個節點,最重要的就是隨時保持相信自己擁有價值的信念(持續向前的內在動機),並持續致力於創造與展現價值的行動(外在行動的改變),雖然乍聽之下這是一個簡單的道理,但通常愈簡單的道理,愈難持之以恆。

「少吃多動」、「逢低買進」、「知足常樂」……我們都明白這些句子的意義,也知道這樣做讓自己得到

好處，但為何無法持之以恆，因為這些語句都只是邏輯，尚未考慮到「人性」。

當你在努力執行時，儘管你已經告訴自己要保持信念，但看到其他人先天就是比你有優勢、有背景、有勢力、比你更快速達到目標，這中間你會感覺到無奈、傷心、不公平，感覺自己無論如何都無法超越他們，所以你可能就會放棄了價值思維，所以我想在思維造就行動的過程中，最重要的是提醒自己所要保持的初心。

價值初心：挑戰的另一面是機會

如果有一枚硬幣，正面寫「挑戰」，我永遠相信硬幣的反面，一定寫的是「機會」。

每當我們面對各種挑戰之前，會感覺到「麻煩、困難、艱辛、壓力、未知、痛苦、難過、灰心、沮

第四階段

喪」,而這些因素都成為我們不想承擔與面對挑戰的理由,就算我們勇於面對,仍沒有人能明確知道挑戰過後,到底會不會「成功」。

這裡的成功指的就是其他人所認為的那種成功,但結果有可能是「完成、勝利、失敗或無解」,就是因為所有的挑戰都沒有絕對成功的答案,然而只要願意面對挑戰,至少會改變成功的機率,所以我們需要的是「持續面對挑戰的經驗」與追求「如何提高成功的機率」。

最令人害怕的不是面對挑戰,而是還沒開始之前就放棄的恐懼。很多人在面對挑戰之前,習慣告訴自己「這個很難,我一定做不到」、「○○○都無法達成了,我更不可能啦」、「反正做到了也不會有任何獎勵」,所以乾脆逃避,想說不要面對就不會有這些問題。

回過頭思考,往往人生中會帶來反饋、省思、成

長或深刻的記憶點,都是曾經在過程中充滿阻礙的經歷,這也是很多的「第一次」之所以彌足珍貴的地方。

AMD（Advanced Micro Devices, Inc.）董事長暨執行長蘇姿丰在接受紐約時報的訪問中,有一段話很值得分享:

「不要害怕冒險。在極大的壓力下,我完成了一些最出色的工作,但這激發了你的最佳潛能。所以我告訴人們,尋找那些最艱難的問題,並自願提供幫助來解決它們。」（Don't be afraid to take that risk. Some of my best work was done under an enormous amount of stress, but it brings out the best in you. So I tell people, "Look for those hardest problems and volunteer to help solve them.）

只要自己主動願意接受挑戰,就有機會（無論成功或失敗）,我們無法事先知道結果,但只要盡全力面

對挑戰，相信那枚硬幣一定會有翻面的時候。

創造更多價值：行動與自學為不二法門

空想，是最沒有價值的事，唯獨只有先做，才有機會成功。

布蘭登・布夏德（Brendon Burchard）在《高成效習慣》（*High Performance Habits*）一書中提到的這一段話鼓舞著我：

> 「你並不總是需要計劃整個專案的每一步。有時，你只需要邁出第一步。生活中的許多創造力都是在行動中產生的，而不是從猜測開始，所以走出去吧！」（You don't always need to plan every step of the entire project. Sometimes, you just have to take the first step. A lot of the creativity of life comes

in motion, not beginning in speculation, so get out there!）

行動

其實行動是最容易累積經驗的方式（無論行動結果的好壞），雖然聽起來是老生常談，但其實多數人往往在完全沒有行動之前就做出了猜測與判斷，而這些猜測或判斷就成為阻斷你積累自我價值的枷鎖。

購屋，是一個熱門的課題，總是會有人會說等到房價大崩盤的時候，我就會出手購買。

乍聽之下好像是符合逢低買進的概念，但如果真的遇到房價大崩盤的時候，你還敢出手買嗎？如同河邊撿石頭，每一次的崩盤之後，還可能會有再崩盤的時間點？如果平時根本沒有在了解房屋市場，不想花太多時間看屋與了解行情，你不可能會知道一個區域的相對低點或相對高點價格，如果都只是在等「最低

第四階段

點」的夢才要買,最後依舊沒有買。

股票,每一支股票都有基本面、技術面、籌碼面的資訊,如果你平常就已經有在購買這檔股票,而且每週都在注意相關訊息,對於這間公司有足夠的認識與付出一定程度的成本之後,你才會有信心在股價波動的時候購買,而不是一直想如果股票跌到谷底時才願意出手,因為唯有持續累積的行動經驗,你才會有判斷的基準。

所以行動絕對是首要法則,有了第一步才有第二步,絕對不可能會直接跳到終點。

行動之後,我們就要開始思考如何提高成功機率,從我們完成前面章節的價值建立與呈現的練習之後,其實每一年你都會需要花時間再重新檢視你的價值資產,透過年復一年的檢視、行動、改變,相較於其他人已經距離一大段,而這樣的過程背後隱含的概念,如同詹姆斯·克利爾(James Clear)在《原子習

慣》（*Atomic Habits*）一書中，所談到的幾個關鍵字：**「進步1%」、「習慣」、「複利」、「行為改變」。**

這也是為什麼需要持續的行動，因為無論幾次的成功或失敗，你會對於自己愈來愈有自信，因為你看的到自己的成長與進步，邁向更好的自己。

▌自學

這裡指的自學並非為在家自學（homeschooling）的概念，而是掌握一種自我驅動的過程，「因為想要理解、體認或精進某一件事，你會尋找周遭可行的工具、技術與方法，花費時間去執行與實作的過程」。

我曾讀到《天下》雜誌教育特刊的一篇文章，談關於未來的學習方向：

>「這是個無法再仰賴經驗與成見的時代……以往學習有著明確的終點與界限，教

第四階段

> 學有課綱、考試有範圍,只要完全框架內的課程,每一個人都能夠用分數,來衡量學習的成就⋯⋯面對一個巨變的時代,我們就彷彿在風暴中前行,而學習就是我們前進的羅盤,也是我們安度風暴的唯一指引。」

或許我們無法知道該學習什麼才是最有利的,但只要我們保有自我學習的主動性,你就能更從容的面對各種的未知領域,現在的時代已經消弭基本知識的落差,當你想要學習某個技能,你可以立即搜尋到相關資訊並且開始練習,而自學的系統、技巧與方式有很多種,但其中一種絕對包含閱讀。

為何我對於「閱讀」有這樣深刻的感受,約莫是在求學階段,書籍大概是唯一一項父親絕對不會拒絕購買的東西,父親也很常鼓勵我去閱讀各式各樣的書籍(一部分的書籍都是父親贈與的),包含蔡志忠漫畫的《自然的簫聲:莊子說》、林清玄《平常心有情味》,

直到近幾年查理‧蒙格的《窮查理的普通常識》。

平常的假日早上，我看到的父親幾乎都是在讀書，而且翻閱父親所閱讀過的每本書，都會看到螢光筆在書上畫重點或寫下一些話（大概都是心得之類的），當時的我就問父親說：「為什麼要讀那麼多的書？讀書有什麼好處嗎？」

父親放下手中的書本，看著我說：「看完一本書或許需要你很久的時間，但只是這本書裡面有一句話，讓你有得到知識或改變，那這本書就非常有價值了。」

當時的這段話一直影響著我，這也是我為何能保有持續閱讀的內在動機。在持續閱讀一段時間之後，我發現閱讀是一種能夠具備「開拓」、「省思」與「內化」的過程。

你可能無法當面向全球知名的企業家或專業人士請益，但透過他們口述或撰寫的書籍內容，就可以了

解其邏輯思維,這有助於提升你在面對某些問題或處境時的視野,並學習不同層級的執行步驟。

此外,回顧過去遭遇的類似情境時,反思當時的處理方式是否得當,或是有哪些可以改進的地方,都很有幫助。這樣的經驗累積,能讓你在未來面對同樣問題時,擁有比他人更多的選項方案。

這種學習方式能以極低的成本,大幅拓展你解決問題的途徑。

我也會定期和老闆或主管交換心得,觀察他們思考問題的角度、正在閱讀的書籍,以及最近的購書清單。透過閱讀同一本書,雖然因視野、環境與層級的差異,對書中可學習的知識點、細節與感受不同,但再輔以觀察實際行動,就能反過來省思自己需要改變的地方。這是一種互相了解並提升層級的絕佳方式。

最後一哩路

最後,當你已經閱讀到這段的時候,我相信你已經開始走在價值的路上。

或許在這段路途上,你會感覺到自己現在所做的事情沒人在乎、自己所撰寫的文章沒有人在看、周遭親友或客戶都告訴你這件事會失敗、你做的事又沒什麼成就、花那麼多時間也賺不到錢。此時,你一定要告訴自己,當前的困難只是你攀登另一座高峰的過程,只要我們逐步建立長期積累與持續傳達價值的習慣,就能積累出個人價值的底蘊,這就是持續滾動個人價值的成長飛輪。

期待未來成長之後的你吧。

編輯後記
《璞玉價值》的誕生

感電副總編輯
鍾顏聿

大家都讀到最後了嗎?那我可以來說一些編輯才知道的故事。

起初,收到君平 Oscar 的新書提案時,我有些小抗拒。我知道他過去寫的書更偏向提案與簡報技巧,雖然對職場工作者來說是寶貴的學習資源,但不太屬於我個人的編輯偏好。我一向不擅長包裝「職場工作術」,因此第一反應是想要婉拒。然而,當我抱著有所保留的態度打開提案時,卻看到與他過往截然不同的主題:價值。

試問,誰能拒絕突破自我框架的人呢?當然,用

編輯後記

「截然不同」來形容是有些誇張了。不如說君平這次並非在談論如何包裝自己或掌握某種表達技巧，而是深入探討了提案與簡報的本質——價值表達。

在討論書寫方向時，我和君平幾乎沒有碰過面，唯一一次碰面，還是感電換了辦公區，邀請他來參觀。我們的溝通全靠電子郵件和 LINE，卻出奇地順暢。這讓我意識到，善於表達的人，不僅能夠清晰地傳達自己的想法，更能推動對話向前發展。這種能力，恰恰是《璞玉價值》這本書所要教導讀者的核心內容之一。

書稿演變：從《為自己開岔路》到《璞玉價值》

《璞玉價值》從提案到真的撰寫成書，歷經至少三次調整，但基本上都在同一個方向上。君平最早的提案，著重在「如何挖掘自己的價值，並且能夠專業地呈現出來」，書名暫定為《為自己開岔路》。希望讀者

能藉由這本書，增加另一個人生階段的機會。顯然，這是回應疫情後發生的零工經濟趨勢，身為職場打工仔的我們因為工作型態的改變，發現自己好像有更多可能。看到這份提案，我希望能與君平繼續談下去。

為此，我先打了預防針，還小小 PUA 一下。我對君平說：「稿子可能會改很多次，但你應該希望這本書是你從業以來的集大成吧！也希望這本書成為你人生下一個階段的機會吧！」不管君平最後是被激勵還是被刺激，總之他接招了。

我們先將這本書的基本基調確定下來：「如果你是新鮮人，想要順利進入職場；或，你是職場菜鳥，想無痛轉職；甚或，你是職場老鳥，想轉換跑道。你有兩種方法可行，一是你的能力無比強大，大巧不工，遇到任何改變都能開天闢地；不然就是懂得自我估量，忖度時勢，培養自己最優勢，在適當的時機找到突破口。前者是天選之人天生神力，這種人不常有。後者則是

編輯後記

人人都能辦到的,首先,你要知道『價值』的變化。」

接下來,我收到第二份提案,書名變成《多1%的價值》,君平在先前提案的基礎上,增加了各位讀者在本書第三階段看到的價值呈現九宮格。這本書漸漸地往更具體的方向進行,我向君平說:我們開始寫吧!

獨特視角:價值不等於優點

在與君平持續有效地討論中,我們逐漸疏理出這本書可能的獨特之處:市面上談論表達的書籍不勝枚舉,有的強調說服技巧,有的則著重傾聽的重要性。然而,這本書卻另闢蹊徑,告訴讀者:在試圖影響他人之前,先要認清並提升自己的價值。

書中提出的一個觀點特別引起我的注意:「價值不是優點」。這句話乍聽之下似乎有些矛盾,但細想卻發人深省。我們常常誤以為列舉自己的優點就等同於展示價值,但真正的價值往往需要在具體情境中,才能

體現。

就在書稿完成之後,我們重新思考這本書的書名,企圖用更具體的方式介紹這本書給讀者,《璞玉價值》這個書名在討論中漸漸脫穎而出。

拜神祕的演算法所賜,有一段時間我的 FB 一直推給我賭石的短影片,賭石是一種與翡翠原石相關的活動,買家透過觀察原石的外表特徵,如紋理、顏色和質地,來猜測內部可能蘊含的翡翠品質,接下來選擇下刀的角度。切對了,取得最大價值的翡翠,發家致富,切錯了,先前投入的資金都打水漂,你手中的這本書,就是告訴你該怎麼觀察自己,接著,該怎麼把自己呈現出來。

書籍核心與時代意義

在《璞玉價值》中,君平不僅告訴讀者該做什麼,更重要的是,他教會讀者如何思考,讓我們明白

編輯後記

價值需要在具體情境中體現，而不僅僅是羅列優點。這本書就像是一面鏡子，幫助讀者重新審視自己的價值構成，並提供了一套系統的方法來提升和展示這些價值。

在這個資訊爆炸的時代，真正的價值並不在於掌握多少技巧，而在於如何將這些技巧內化為自己的一部分，並在適當的時機展現出來。《璞玉價值》沒有提供捷徑，而是指引方向；它不灌輸教條，而是啟發思考。這正是當今職場真正需要的指引。

作為這本書的編輯，我為能夠參與其中感到開心。它不僅讓我重新認識到了編輯工作的價值，也讓我對未來職場的發展有了新的思考。我期待這本書能夠幫助更多人找到屬於自己的價值定位，在這個瞬息萬變的時代中找到立足之地。畢竟，每個人都是一塊未經雕琢的璞玉，而《璞玉價值》，或許就是那把能夠讓我們展現內在光芒的工具。

參考資料

提問

- Phil Town, "The Important Differences Between Price And value", Forbes, https://www.forbes.com/sites/forbesfinancecouncil/2018/01/04/the-important-differences-between-price-and-value/?sh=3dfb45b14237
- Warren E. Buffett, "To the Shareholders of Berkshire Hathaway Inc." February 27, 2009, https://www.berkshirehathaway.com/letters/2008ltr.pdf

第一階段

- 《我變成了笨蛋：北野武詩集》僕は馬鹿になった。ビートたけし詩集（北野武，不二家出版社）
- 《超乎常理的款待》Unreasonable Hospitality：The Remarkable Power of Giving People More Than They

Expect（Will Guidara，天下文化）
- 《勉強自己，我才會是洪一中》（洪一中, 陳祖安，感電出版）
- 謝文憲的極限思維，Youtube, https://www.youtube.com/shorts/OHn2-GhZaCw
- Alex Hormozi, "$100M Offers: How To Make Offers So Good People Feel Stupid Saying No", July 13, 2021.
- 《人生雖已看破，仍要突破》（吳淡如，有方文化）
- 《鎖定小眾》"Niching Up: The Narrower the Market, the Bigger the Prize"（Chris Dreyer，先覺出版）
- iPod銷量請參考 Statista, https://www.statista.com/chart/10469/apple-ipod-sales/
- 請參考 CAIS（Center for AI Safety），https://www.safe.ai/statement-on-ai-risk
- Tom Gauld, "Dog Walking 2.0", The New Yorker, https://www.newyorker.com/culture/cover-story/cover-story-2019-05-20

參考資料

- R. Kikuo Johnson, "Tech Support", The New Yorker, https://www.newyorker.com/culture/cover-story/cover-story-2017-10-23
- Christoph Niemann, "Create Your Own Cover with Till-E", The New Yorker, https://www.newyorker.com/culture/cover-story/cover-story-2023-11-20
- 請參考SpaceX, https://www.spacex.com/humanspaceflight/mars/
- Bill Gates, "The road ahead reaches a turning point in 2024", December 19, 2023, https://www.gatesnotes.com/The-Year-Ahead-2024
- 《未來技能》Future Skills,（Marr Bernard，原子能出版社）
- The World Economic Forum, "Future of Jobs Report 2023", https://www.weforum.org/publications/the-future-of-jobs-report-2023/
- SkillsBuilder Partnership, "Essential Skills Tracker 2023",

https://www.skillsbuilder.org/file/essential-skills-tracker-2023

第二階段

- Eric Barton, "A guide for the 'all about me' generation", BBC, https://www.bbc.com/worklife/article/20170318-writing-the-user-manual-for-yourself
- 《至少努力當上主管一次吧：站高一點，擁抱職場新視野》（郭家齊，方智出版）
- Ajay Agrawal, Joshua Gans, and Avi Goldfarb, "How to Win with Machine Learning", https://hbr.org/2020/09/how-to-win-with-machine-learning
- Melissa Hogenboom, "The devious art of lying by telling the truth", https://www.bbc.com/future/article/20171114-the-disturbing-art-of-lying-by-telling-the-truth
- 請參考 STAR（The Star Method）, https://www.vawizard.org/wiz-pdf/STAR_Method_Interviews.pdf

- Amy Gallo, "How to Find a New Job: An HBR Guide", https://www.hbrtaiwan.com/article/20912/how-to-find-a-new-job-an-hbr-guide
- 《人才：識才、選才、求才、留才的10堂課》TALENT: HOW TO IDENTIFY ENERGIZERS, CREATIVES, AND WINNERS AROUND THE WORLD,（Tyler Cowen, Daniel Gross, 天下文化）
- 《管理者的養成》（程天縱，商周出版）
- 《歡迎進入管理階層》Welcome to Management,（Ryan Hawk, 星出版）
- 請參考經理人 https://www.managertoday.com.tw/articles/view/62857

第三階段

- Jillian D'Onfro, "The truth about Google's famous '20% time' policy", https://www.businessinsider.com/google-20-percent-time-policy-2015-4

- 《間歇高效率的番茄工作法》The Pomodoro Technique: The Acclaimed Time-Management System That Has Transformed How We Work,（Francesco Cirillo, 采實文化）
- David Mayer and Herbert M. Greenberg, "What Makes a Good Salesman", https://hbr.org/2006/07/what-makes-a-good-salesman
- 《行銷 4.0》Marketing 4.0: Moving from Traditional to Digital,（Philip Kotler, Hermawan Kartajaya, Iwan Setiawan，天下雜誌）
- 請參考 Sylvain Duranton, TED, https://www.ted.com/talks/sylvain_duranton_how_humans_and_ai_can_work_together_to_create_better_businesses?language=zh-tw
- 請參考 Simon Sinek, TED, https://www.ted.com/talks/simon_sinek_how_great_leaders_inspire_action?language=zh-tw#t-796024
- 請參考 IDEO, https://designthinking.ideo.com/

參考資料

- 《從 A 到 A+》Good to Great: Why Some Companies Make the Leap... and Others Don't,（Jim Collins，遠流出版）
- 《生活美學》（江振誠，天下文化）
- 《思考圖譜：職場商場致勝祕笈》（宣明智, 燕珍宜，天下文化）
- 《與成功有約：高效能人士的七個習慣》The 7 Habits of Highly Effective People,（Stephen R. Covey, Sean Covey，天下文化）
- 請參考 MasterCheers 盛治仁，讓老闆懂你：20 堂傳承給中階主管的職涯智慧
- 請參考 Drucker Institute, https://drucker.institute/thedx/innovate-or-die/
- 《解決問題的商業框架圖鑑》ビジネスフレームワーク図鑑 すぐ使える問題解決．アイデア 想ツール 70,（AND 股份有限公司，采實文化）
- 請參考 Al Gore, TED, https://www.ted.com/talks/al_gore_

what_comes_after_an_inconvenient_truth
- 《獲利世代》Business Model Generation,（Alexander Oster-walder, Yves Pigneur，早安財經）
- 請參考 マンダラチャート協 https://mandalachart.jp/2078
- 請參考 Grameen UNIQLO, https://www.uniqlo.com/th/en/sustainability/socialbusiness/grameenuniqlo/
- 《高績效心智》Great at Work: How Top Performers Do Less, Work Better, and Achieve More,（Morten T. Hansen，天下文化）
- 《飛輪效應》Turning the Flywheel：A Monograph to Accom-pany Good to Great,（Jim Collins，遠流出版）
- 《圖解商業模式2.0》（近藤哲朗，台灣角川）

第四階段
- 請參考 Adam Bryant, "Lisa Su on the Art of Setting Ambitious Goals" https://www.nytimes.com/2017/05/19/

參考資料

business/lisa-su-on-the-art-of-setting-ambitious-goals.html
- 《高成效習慣》High Performance Habits: How Extraordinary People Become That Way,（Brendon Burchard，星出版）
- 《原子習慣》Atomic Habits: An Easy & Proven Way to Build Good Habits & Break Bad Ones,（James Clear，方智出版）
- 請參考 天下雜誌 2022/11/3 第 760 期 教育特刊

璞玉價值
Value Redesigned

一趟重新尋找、建立與呈現自我價值的旅程

作者：鄭君平 Oscar Cheng｜副總編輯：鍾顏聿｜專案副主編：李衡昕｜封面設計:陳恩安｜內文排版：薛美惠｜出版:感電出版/遠足文化事業股份有限公司｜發行：遠足文化事業股份有限公司（讀書共和國出版集團）｜地址：23141 新北市新店區民權路108-2號9樓｜電話：02-2218-1417｜傳真：02-8667-1851｜客服專線：0800-221-029｜法律顧問：蘇文生律師（華洋法律事務所）｜ISBN：978-626-98760-9-9｜EISBN：9786269876006（EPUB）、9786269847693（PDF）｜出版日期：2024年8月｜定價：450元

國家圖書館出版品預行編目(CIP)資料

璞玉價值：一趟重新尋找、建立與呈現自我價值的旅程/鄭君平著. -- 初版. --新北市：感電出版：遠足文化事業股份有限公司發行, 2024.08
256 面；14.8×21公分
ISBN 978-626-98760-9-9(平裝)

1.CST: 自我實現 2.CST: 價值論 3.CST: 成功法

177.2   113009273

Copyright © 2024 by Spark Press, a Division of Walkers Cultural Co., Ltd.
All rights reserved

版權所有，侵害必究（Print in Taiwan）。本書如有缺頁、破損、或裝訂錯誤，請寄回更換
歡迎團體訂購，另有優惠。請洽業務部（02）22181417分機1124、1135
本書言論，不代表本公司／出版集團之立場或意見，文責由作者自行承擔

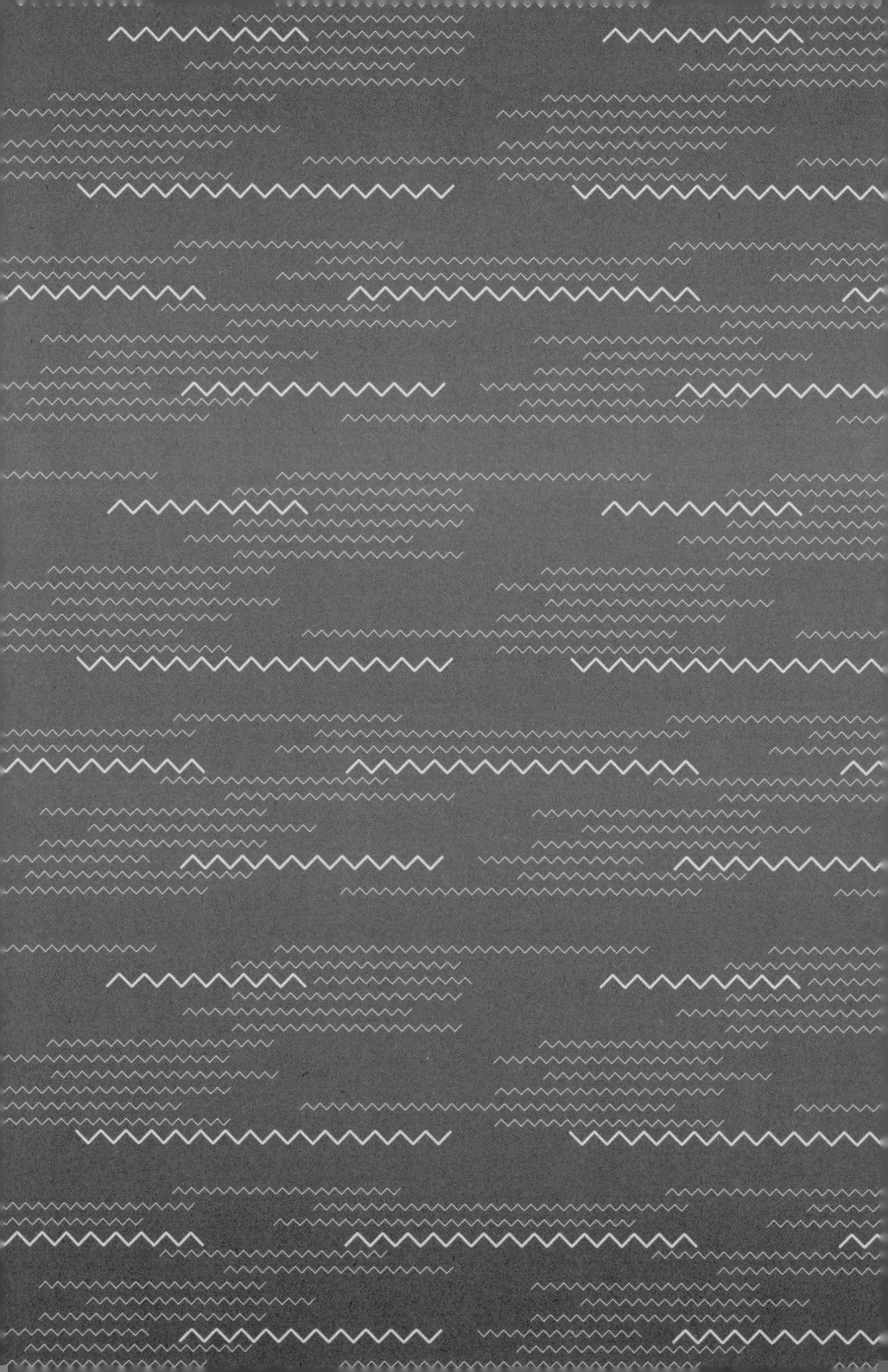